選ぶ、飾る、育てる

観葉植物と暮らす本

大山雄也 監修

ナツメ社

はじめに

いまや住宅空間だけではなく、オフィスや商業施設でも、観葉植物があるのが当たり前の時代になりました。植物があると心が癒やされますし、暮らしに彩りが生まれます。また、インテリアを魅力的に演出するためにも、グリーンは欠かせないアイテムといえます。

観葉植物の多くは丈夫で育てやすく、とくに難しい栽培技術を必要とはしていません。とはいえ、植物は生きものです。枯らさないためには、育て方や水やりのコツなど、最低限の知識は必要です。

本書では、観葉植物の育て方をはじめ、インテリアにどう生かすかなど、豊富な実例で紹介しています。また、図鑑ページでは、育てやすく人気の高い品種を多数取り上げています。この一冊が、みなさんとグリーンのよき出会いの助けとなりますように——。

緑演舎　大山雄也

Part 1

Part 2

健やかに育てて美しく飾る……41

Part 3

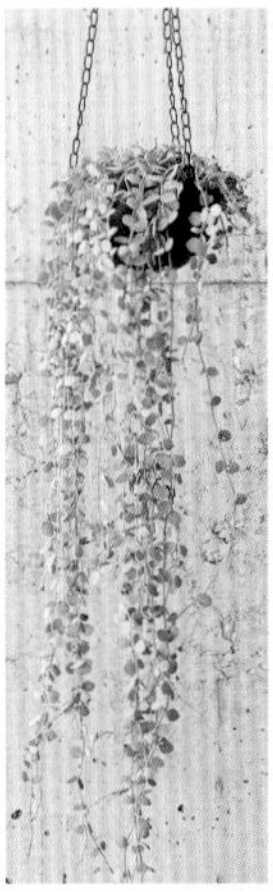

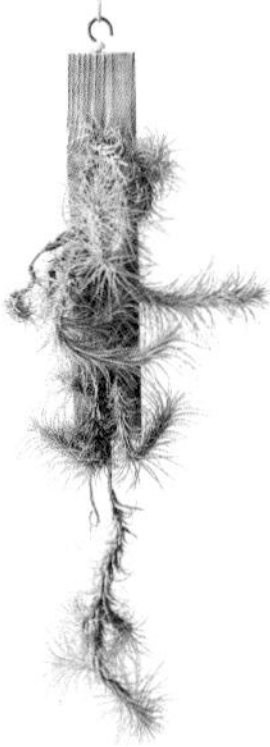

Part 1

［ケーススタディ］

個性が光る グリーンライフ

自分らしくグリーンを楽しんでいるplant loversのご自宅を公開。
ライフスタイルに合わせたグリーンライフを
ぜひ参考にしてください。

Case 01

建築とグリーンが一体化

埼玉県 大山邸

インテリアとの調和を重視

大山邸は、「人もグリーンも居心地よく」をコンセプトに、自身が設計した家。インテリアとグリーンの調和を重視し、植物を健康に育てるためのアイデアが随所に散りばめられています。

中学時代からハマっていたというネイチャーアクアリウムが置いてあるスペースは、大自然のイメージ。水槽の存在感に負けないフィカス‘アフリカンプリンス’が、いわばシンボルツリーの役目を果たしています。

「忙しいので、現在自宅で育てているのは1週間に1度の水やりですむ植物だけ。約50鉢テラスに運び、シャワーでしっかり植物全体に水やりをします（詳しくはp54参照）」

必要な光量に即した配置を

特徴的なのは、家屋の北側に大きな窓を設けていること。「日中はそれなりに明るく、直射日光が当たらないので、強い日差しが苦手な植物にとって快適な場所です」

光が大好きな植物は南側の窓の近くに。窓から離れた場所など光量が足りない場所は、色温度を変えられる照明器具で光を補い、通風のため各所にサーキュレーターを設置しています（詳しくはp52参照）。

手前と左奥のボトルアクアリウムでは、水生植物を栽培。右奥のパルダリウムでは、イモリを飼育している。

右写真はコケ中心のパルダリウム。パルダリウムについてはp74参照。

POINT 1

ネイチャーアクアリウムのまわりは大自然のイメージで

玄関から入ってすぐのスペース。水槽脇のフィカス‘アフリカンプリンス’の大きな葉とストレリチア・ユンケアの線状の葉が引き立て合い、空間を引き締めています。水槽の上にはグリーンウォールを。右手の作業スペースはハンギング、壁掛けタイプのグリーンなどで熱帯のイメージに。

台座にLEDランプが内蔵され、点けるとキャンドルのような雰囲気になるボタニカルキャンドル「torch」。給水ロープが水を吸い上げてくれる。

POINT 2

北側に大窓を設け直射日光を避けて集光

玄関脇の、北向きの大窓。植物に必要な光量は確保でき、直射日光による葉焼けの心配もありません。窓際には明るい日陰を好む盆栽や、多肉植物、水温があまり上がらないほうがよい水耕栽培を置いています。窓の外は、外からの視線を防ぐため大型のグリーンウォールを設置。

POINT 3

玄関の吹き抜けを立体的に演出

p10の大窓がある吹き抜けスペース。直射日光が苦手なフィロデンドロンやツピダンサスを置き、高い位置の壁にはビカクシダを。2階の手すりから、長く伸びる植物を垂らしています。空間を立体的に利用し、ダイナミックな雰囲気に。ビカクシダの水やりの際は2階から取り外します。

POINT 4

リビングとテラスを一体化させ グリーンをたっぷりと

リビングの南側はテラスにつながっており、部屋からはテラスの緑と室内の緑が眺められます。日中はシェード越しによく日が当たりますが、日光が好きなシーグレープは十分日が当たる場所に置いてあります。水やりは週に1回テラスで。春〜秋はビカクシダやフィカス類などを、遮光したうえでテラスに出すことも。健やかに育つよう、自然の光や風に当てています。

キッチンの縁に、右はリプサリス‘ピンクサリー’、左はアロエ・ストリアチュラ。

Case 01

冷蔵庫の上に、ブリキのアンティークの器を鉢カバーに使ったシェフレラ・コンパクタ。枝ぶりの面白さを生かすため、あえて高い場所に置いている。

左から：ハオルチア・レツーサ、ホヤ・ザンバレス、アデニウム・アラビカム。

左から：サンスベリア・ロリダ、ミルクブッシュ、アロエ・ラウヒー。

POINT 5

統一した鉢を並べて スタイリッシュに

キッチンに植物を飾るために、窓と鉢を置くスペースが設けてあります。ここに置いてあるのは、多肉植物やサボテン、小さな木など。鉢をそろえると統一感が生まれると同時に、植物それぞれの個性が際立ちます。鉢はモルタル・ファイバー製。鉢が目立ちすぎず、植物本来の美しさを引き立てます。

（上）左から：ガジュマル、ユーフォルビア・イネルミス、ヒルデウィンテラ。
（下）左から：ハオルチア 十二の巻、リプサリス・カスッサ、ガジュマル。

Case 02

コーナーごとに世界観を

大阪府 沼邸

間接照明と植物でアートを

今のマンションに引っ越してきたのを機に、グリーンを育て始めた沼さん。自宅で仕事することも多く、ワークスペースは植物をたくさん置いてジャングル風にすることで緊張を和らげるように。「照明を点けた際、天井や壁に映る影も計算しています」と沼さん。一方、リビングルームは、リゾート風の雰囲気にしています。「飾る際は、鉢の高さにメリハリが出るように。大きめの植物はプラ鉢に植えて鉢カバーを利用すると、水やりや植え替えの時に楽です」

通風と湿度に気を遣う

気を遣っているのは通風で、シーリングファンとサーキュレーターを併用。冬は湿度を保つため、加湿器をフル稼働させています。

仕事で毎年タイやバリ島を訪れる機会があり、その際、本場の植物を見に地元の園芸店に顔を出すのを楽しみにしているそうです。

（上）壁側の棚は日照が足りないのであまり植物は置かず、アーティスティックな花瓶や鉢を飾っている。（下）窓はレースのカーテンを引き、植物に直射日光が当たらないようにしている。

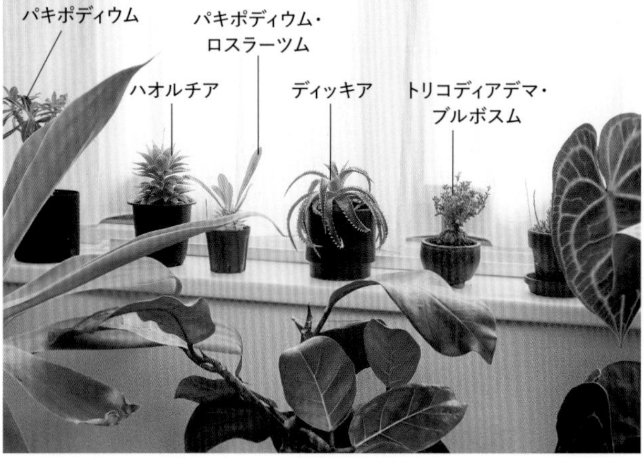

POINT 1

ワークスペースはジャングルをイメージ

仕事部屋の窓側に大小さまざまな植物を集めてジャングルのように。背の低い植物は台に置くなどして、高さを調節しています。床置きの照明や天井を照らす照明で、影も演出。窓辺には小型の植物を並べています。

存在感のあるストレリチア・オーガスタを核に、さまざまな葉色、葉形の植物を絶妙に配置。

①リプサリス・パラドクサ ②エピフィルム・クリソカルディウム ③ビカクシダ・ウィリンキー ④ストレリチア・オーガスタ ⑤カラテア・オルビフォリア ⑥ユーフォルビア・ラクテア‘ホワイトゴースト’ ⑦ストロマンテ‘トリオスター’ ⑧ネフロレピス ⑨アガベ・アテナータ‘レイオブライト’ ⑩アンスリウム・クラリネルビウム ⑪ディフェンバキア‘カミーラ’ ⑫フィカス‘アフリカンプリンス’ ⑬モンステラ‘ジェイドシャトルコック’ ⑭バンダ（洋蘭）

大きめの鉢は、向きを変えやすいよう、キャスター付きの台に載せている。

キッチンのカウンターの下が濃い色なので、白い鉢でメリハリを。小さな照明が植物を引き立てている。

POINT 2

レースのカーテンの前がグリーンの特等席

リビングルームの南側の窓辺は、植物の特等席。日中は一日中、レースのカーテン越しに光が入ります。フィカス・ウンベラータやアガベ・アテナータ ‘ボーチンブルー’はときどき向きを変え、一方からだけ光が当たらないように。ハンギング類も、光が当たる位置に吊るすよう調整しています。

POINT 3

キッチン回りは比較的耐陰性のある品種を

リビングルームのキッチン寄りの場所は、窓から離れているので、窓辺に比べると光量が少なめです。そのためここには、比較的耐陰性のある植物を飾っています。ハンギングの植物は、キッチンとの仕切りの役目も果たしています。

流木の器は、主に
バリ島やタイで購入。

POINT 4

チランジアは DIYのコーナーで管理

剥がせる壁紙を貼った上にエキスパンドメタルを立て掛けて倒れないようにとめ、チランジアや着生ランを飾るスペースに。流木やドライスワッグで雰囲気づくりをし、ライトで光を補っています。チランジアを入れている器にも注目。

Case 02

POINT 5

インテリア効果もあるサーキュレーターを導入

ワークスペースとの境い目の壁沿いには、レコードを飾る棚が。鏡にもグリーンが映るよう、置き場所を考えています。風を補うサーキュレーターは、アメリカのボルネードのもの。高い機能とインテリア効果を兼ね備えています。

ルイスポールセンのテーブル
ランプの光で、植物がよりお
しゃれな雰囲気に。

Case 02

POINT 6

エバーフレッシュはこまめに剪定を

エバーフレッシュは光を通した時の「透け感」が美しいので、2週間に1度は枝透き剪定をしています。マルチングとしてココヤシファイバーを使っており、土の湿り具合が分かりにくいため、水不足にならないようモイスチャーメーターを使用。

エバーフレッシュ

カラテア・オルビフォリア

チランジア

パキポディウム・グラキリス

フィロデンドロン・トータム

POINT 7

鉢カバーを吟味し台で高さを調節

植え替えや水やりに便利なよう、一部を除いてなるべく鉢カバーを使用。さまざまなテイストのものを集めています。鉢の高さを調節する台も、鉢の雰囲気に合わせて工夫を。植物、鉢カバー、台の三位一体を楽しんでいます。

ディフェンバキア
‘カミーラ’

モンステラ
‘ジェイドシャトルコック’

ユーフォルビア・オンコクラータ

ストロマンテ
‘トリオスター’

ディフェンバキア
‘カミーラ’

アガベ・アテナータ
‘レイオブライト’

ザミア・プミラ

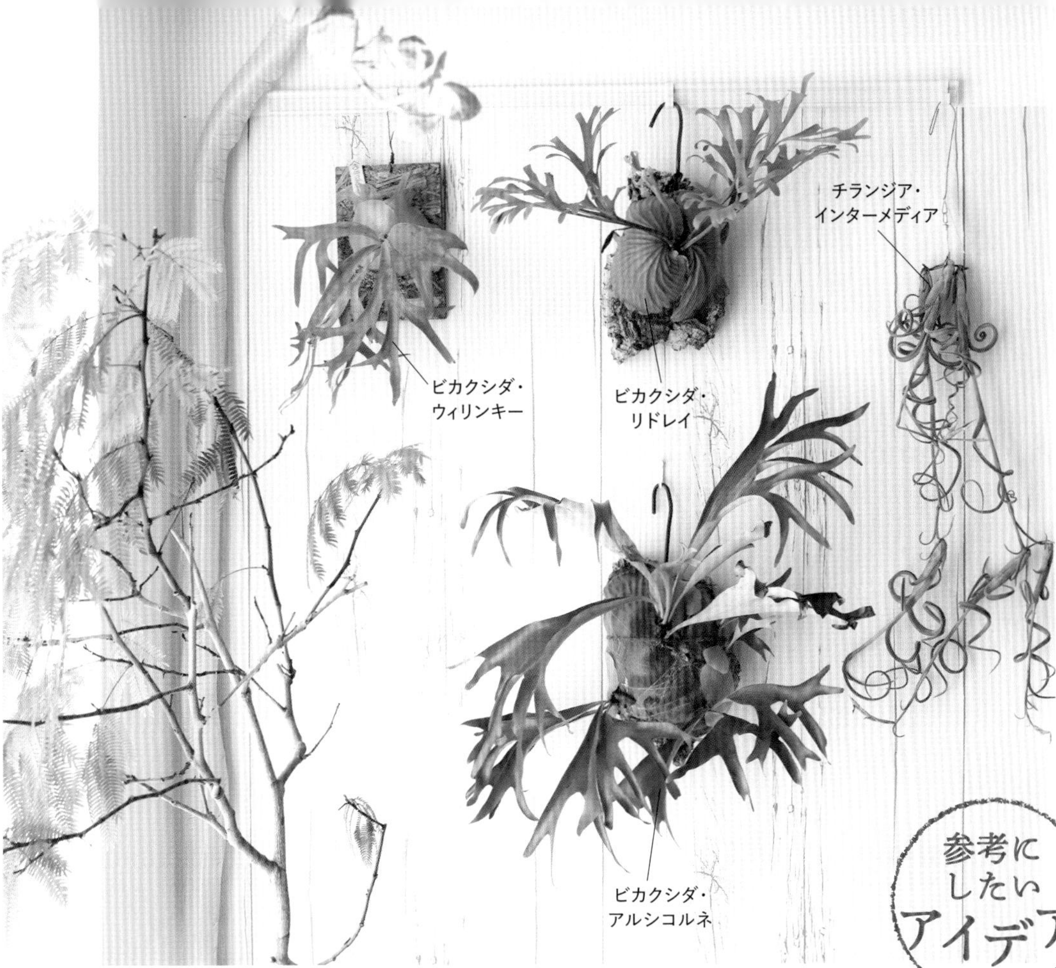

参考にしたいアイデア

剥がせる壁紙で雰囲気をつくる

住んでいるマンションは賃貸なので、壁の雰囲気を変えたい部分は剥がせる壁紙を使用。ビカクシダのコーナーをつくりました。原状復帰できるよう、フックも跡が目立たないタイプのものを使っています。

100均のカレンダーで水やりのチェック

植物の種類にもよりますが、大きな植物は週に1回、小さな植物は3日に1回、水やりをしているそう。いつ水やりをしたか忘れないよう、カレンダーを鉢に貼って管理しています。

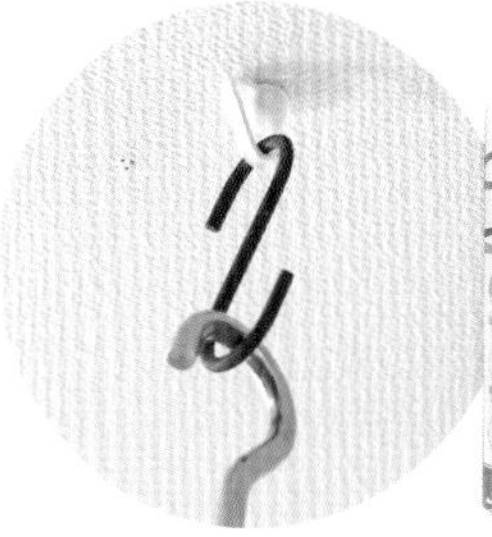

跡が目立たないフック

ハンギングをぶら下げるためのフックは、強度がありつつ跡が目立たないタイプのものを使用。賃貸マンションでグリーンを楽しむための、ちょっとした心遣いです。

大工さんの手によるナチュラルな鉢台

ユーズド感のある板をはぎ合わせた、大工さん作のキャスター付き鉢載せ台。素朴なテイストなので、ナチュラルな鉢カバーとの相性が抜群。

Case 03

寒冷地で一年中美しく

北海道 田上邸

好みの湿度や場所を知る

北海道の自宅で、50種、70鉢の植物を育てている田上さん。もともとインテリアが好きで、部屋づくりのアイテムとしてもグリーンは欠かせないといいます。

20年前に観葉植物を育て始めた頃は耐寒性、耐陰性をあまり気にせず、見た目だけで選んでいたとか。

「育てていくうちに、各々好みの場所や温度があることを知りました」

シダと一緒に入浴も

「冬はストーブを切ると部屋が5℃以下になるので、夜間や外出時は弱めに暖房をつけています。6月〜秋口は屋外で外気に当てています」

気を遣っているのが、それぞれの植物が好む水加減。空中湿度を必要としている植物は、葉水を欠かしません。灯油ストーブはエアコンよりは乾燥が防げますが、洗濯物を室内干しにするなどの工夫を。シダ類は入浴時に浴室に運び、浴槽の蒸気に当てると状態がよくなるそうです。

試行錯誤を重ねるうちに、徐々に植物の〝機嫌〟が分かるように。今は子育てのように、世話を楽しんでいるそうです。

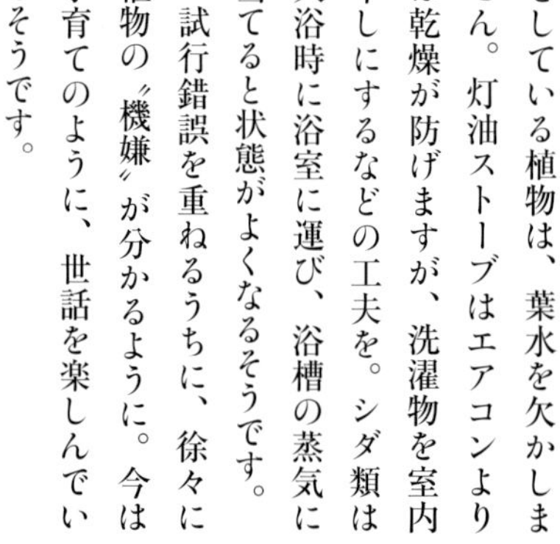

ホヤ・ロンギフォリア（ホヤ チャイナビーン）

セイデンファデニア・
ミトラタ
ディスキディア・
ベンガレンシス
レピスミウム・
ホーレティアナム
チランジシア・
ストラミネア
レピスミウム・
ボリビアナム
マランタ・
レウコネウラ
ディスキディア・
ベンガレンシス
ヒルデウィンテラ・
カラデモノニス
シンゴニウム
‘フレンチ
マーブル’
フィカス
‘アムステルダム
キング’
モンステラ
‘ジェイド
シャトルコック’
アンスリウム・
ビッタリフォリウム

POINT 1

空間を立体的に利用し照明にこだわる

天井近くから長く垂れ下がるホヤ・リネアリスが、圧倒的な存在感を放つ空間。DIYの2段の棚には、葉色や葉形が異なる植物、個性的な照明などを並べてインテリアの要としています。適度に間を開けることで、鉢がたくさんあっても「置きすぎない」印象に。

①フィカス ‘バーガンディ’ ②ホヤ・リネアリス
③スキンダプサス
④マランタ・レウコネウラ ボスタス
⑤アンスリウム・クラリネルビウム
⑥ディスキディア ⑦アグラオネマ
⑧ホヤ ‘マチルダ’
⑨ディスキディア・ベンガレンシス
⑩クテナンテ・ルベルシアーナ
⑪ ホヤ・ヘウスケリアナ バリエガータ
⑫ ホヤ ‘クローニアナシルバー’
⑬ フィロデンドロン・ビレッタエ

風に揺れる柳のイメージを室内につくりたくて、ホヤ・リネアリスを数鉢、下げている。

Case 03

比較的寒さに強い植物のコーナー

若干窓から離れている壁に、植物用の棚を設置。リビングルームと玄関をつなぐドア付近なので、比較的耐陰性・耐寒性のあるものを置くようにしています。

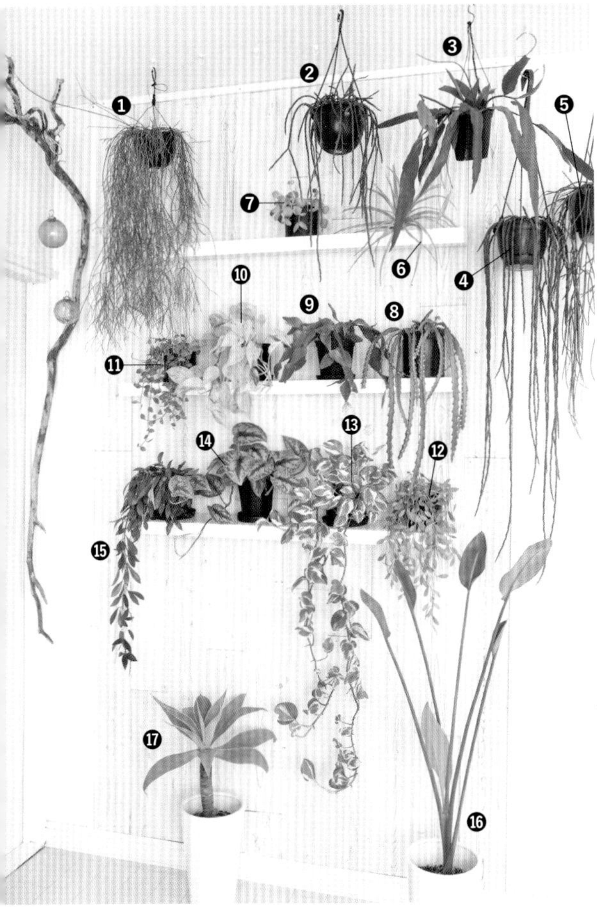

①リプサリス・カスッサ ②リプサリス・パラドクサ
③エピフィルム・プミラム ④リプサリス・パラドクサ
⑤リプサリス・プニセオディスクス
⑥チランジア ⑦ディスキディア・ナムコック
⑧レピスミウム・クルシフォルメ
⑨リプサリス・エリプティカ
⑩ポトス'マーブルクイーン' ⑪ディスキディア
⑫ディスキディア・ベンガレンシス
⑬ポトス'エンジョイ'
⑭スキンダプサス'エキゾチカ'
⑮ホヤ・ラクノーサ ⑯ストレリチア・レギネ
⑰アガベ・アテナータ

リンゴ箱を活用 北海道ではリンゴ箱は比較的安価で手に入るので、重ねたり並べるなどして使用。木材なので植物の邪魔をせず、自然になじんでくれます。

POINT 2

DIYで飾る場所をつくる

植物を飾る場所は、インテリアの好みとその場所のサイズに合わせて、できるだけDIYで。部屋全体の統一感を大事にしつつ、コーナーごとに少しずつイメージを変えています。

①ホヤ・プビカリクス'シルバーピンク'
②スキンダプサス'エキゾチカ'
③品種不明
④スキンダプサス'アルギレウス'
⑤リプサリス・パラドクサ ⑥マランタ・レウコネウラ

鏡の上に棚を設置

鏡の上に小さな棚をつくり、鉢が置けるように。丸太やシラカバの幹、麻縄を使ったハンギングなどと組み合わせて、ナチュラルなテイストに。

POINT 3

窓の近くにハンギングのスペースを

窓際はハンギングのためのスペース。直射日光が当たらないよう、レースのカーテンを引いています。右写真の3鉢はけっこう重く、とくに給水後は合計で3キロを超えます。そのため重量に耐える金具を天井に取り付け、しっかりとしたポールに下げ、落下を防いでいます。

①ネフロレピス
②マランタ・レウコネウラ 'ファッシネーター'
③レピスミウム・ホーレティアナム

p22のハンギング、
ホヤ・リネアリスの花。

Case
03

スキンダプサス

ネフロレピス‘ハッピーゴールデン’

葉色の美しい植物をアクセントに　POINT 4

葉の模様が印象的なマランタや、鮮やかな葉色のネフロレピス、斑が面白いスキンダプサスなど、葉に特徴のある植物をアクセントに。マランタは夜になると葉を閉じ、品種によっては葉裏の赤が目立つように。昼間と夜の2つの顔があるのも魅力です。

参考にしたいアイデア

葉水は傘を利用して

空中湿度を欲する植物には、頻繁に葉水を与えています。ときどき、屋外や浴室でシャワーをかけますが、普段は電動霧吹きを使い、床が濡れないようビニール傘を逆さまにして水を受けます。

増やして楽しむ

大、中のアガベ・アテナータは、寒波でダメージを受けた状態のものを格安で購入。大事に育てた結果、健康になり、大きな株に子株もできました。一番小さな鉢は、子株を株分けしたものです。

冬季は鉢を防寒

緩衝材でつくったポットや布製ポット、着古したダウンでつくったポットを鉢カバーとして利用。大型の鉢にはバスタオルを巻いたり、小型鉢には人間用レッグウォーマーを履かせることも。あまりに冷える夜は鉢底にカイロを貼ります。

Case 04

長く育て続ける喜びを味わう

東京都 角野邸

インテリアとの調和を重視

モダンな建築と、古今東西のアンティークや美術品、グリーンを見事に調和させている角野さん。広いリビングルームには、フィカス類やシェフレラの、大きな鉢が並んでいます。インテリアとグリーンを引き立てるため、鉢はシンプルで統一感のあるものを使用。

「どうしたらインテリアと合うか。鉢を置く場所を微調整するのも楽しい時間です」

経年の変化を味わう

「成長に伴う変化を味わうのが楽しみ」という角野さん。10年を超える鉢も、少なくありません。長く健康に育てるには、水やりのコツをつかむのが大事。完全に土が乾いてから、たっぷり水やりをします。また、部屋の窓はできるだけ開けて通風を確保。春～秋はなるべくバルコニーに移動させ、自然の風に当てるようにしているそうです。

①シェフレラ・アンガスティフォリア
②ストレリチア・レギネ
③フィカス・ルビギノーサ
④フィカス・ビンネンディキ
⑤ピレア・ペペロミオイデス
⑥フィカス・アルテシマ バリエガータ
⑦フィカス・リラータ
⑧ガジュマル

フォルムがエレガントなビカクシダは、アンティークとの相性が抜群。

POINT 1

窓から離れた場所に耐陰性のある植物

窓から比較的離れた場所には、ビカクシダやサンスベリアなど、やや日照が少なめでも耐えられる植物を配置。ただし春～秋はバルコニーに遮光ネットを張って太陽の光を受けさせ、健康を保っています。また、窓際に置ききれないフィカス類は、窓際の植物とときどき場所を入れ替えています。

アクアリウムの隣にサンスベリア・スタッキー。アクアリウム用のLEDライトが、日照を多少は補っている。

①(豆苗の水耕栽培) ②パキラ・アクアティカ ③フィジーシノブ ④品種不明
⑤グロキシニア ⑥ケファロケレウス 翁丸

POINT 2

窓辺は統一感のある鉢でそろえる

キッチンの窓辺の鉢は、統一感を出すため、グレーのモルタル・ファイバー製のサイズ違いのものを使用。小型の植物だけではなく、やや背の高いパキラや存在感のあるユーフォルビアなどを置くことで、リズムが生まれます。

Case 04

バルコニーには遮光ネットを張って直射日光を避け、木漏れ日程度の光が当たるようにしている。

POINT 3 春〜秋はバルコニーで健康的に育てる

春〜秋は、なるべく植物をバルコニーに出すように。ただし葉焼けしないよう、遮光ネットを張っています。バルコニーに出しやすいよう、大きな鉢はキャスター付きの台に載せて管理。ビカクシダは雨風に当てると元気になるので、雨の日は必ずバルコニーに出しています。

左:育てて10年のシェフレラ・アルボリコラ。枝が奔放に伸び、風格がある。
下:ビカクシダは雨の日にはバルコニーで風雨に当てている。

POINT 4 経年の変化を楽しむ

植物は年月を経ると、徐々に姿を変え、風格を増していきます。上のビカクシダは育て始めて10年で、元の大きさの約3倍に。左のアエオニウム 黒法師は枝が伸びてぐにゃりと曲がってしまいましたが、それもまた一興。オブジェのような面白さがあります。

バルコニーの軒下の、多肉植物を集めたコーナー。
いずれも5年以上育てている鉢。

Case 05

飾る場所をなるべくまとめて

愛知県 K邸

リビングルーム入り口付近から見たところ。窓辺のハンギングスペースと奥の壁がグリーンのためのスペース。

リビングルームの入り口近く。存在感のあるフィカス'アムステルダムキング'とモンステラを中心に数点配置。

植物のための壁を確保

新居に引っ越してきたのを機に、植物を集め始めたというKさん。それまでは3人の子どもが小さかったこともあり、諦めていたそうです。「マンションのリノベをする際、『この壁面は私のグリーンスペース』と宣言して、場所を確保しました。小学生の子どもたちの動線に引っかからないのは、ここくらいなので。キッチンで作業をしている時も見えるので、癒されます。ただ壁面の棚はもういっぱいなので、ハンギングで鉢を増やしている感じです」

目で見て確認して購入

月に一度は液肥を与え、葉を美しく保つために葉面を水拭きすることも。インテリアと調和させるため、鉢の色は白、グレー、茶色、黒に限定しています。

植物は、通販ではなく「目で見て買う」主義。お目当ての品種を探して、休みの日は1日に5~8軒もグリーンショップを回り、ときには岐阜県まで足を延ばすそうです。

POINT 1 棚とそのまわりにグリーンをまとめる

リノベーションの際、植物用の段違いの棚を設置。なるべくこのコーナーに植物をまとめるようにし、家族の動線の邪魔にならないようにしています。さまざまなデザインの鉢を使っていますが、色を限定しているので、落ち着いた雰囲気です。

①エスキナンサス‘ラスタ’ ②胡蝶蘭 ③ブラソカトレア ④ネフロレピス‘ツディ’ ⑤胡蝶蘭 ⑥アンスリウム・クラリネルビウム
⑦ネフロレピス‘ダッフィー’ ⑧マドカズラ ⑨ヒメモンステラ ⑩ホヤ‘ロシータ’ ⑪クテナンテ‘ブルレーマルクシー’
⑫アロカシア‘ブラックベルベット’ ⑬マランタ・レウコネウラ‘レモンライム’ ⑭ペペロミア・プテオラータ
⑮フィロデンドロン・メラノクリサム ⑯モンステラ‘ジェイドシャトルコック’ ⑰スキンダプサス‘ムーンライト’ ⑱ピレア・グラウカ
⑲フィロデンドロン・ベルコーサム ⑳カラテア・ゼブリナ ㉑ポトス‘マーブルクイーン’ ㉒フィロデンドロン・グロリオーサム
㉓シンゴニウム‘チョコレート’ ㉔ベゴニア・マクラータ ㉕アンスリウム・バーケリー ㉖フィカス‘ティネケ’ ㉗パキラ
㉘アロカシア‘バンビーノ’ ㉙カラテア・オルビフォリア ㉚シンゴニウム ㉛カラテア・マコヤナ ㉜アジアンタム ㉝エバーフレッシュ
㉞ストロマンテ‘トリオスター’ ㉟ドラセナ・マジナータ

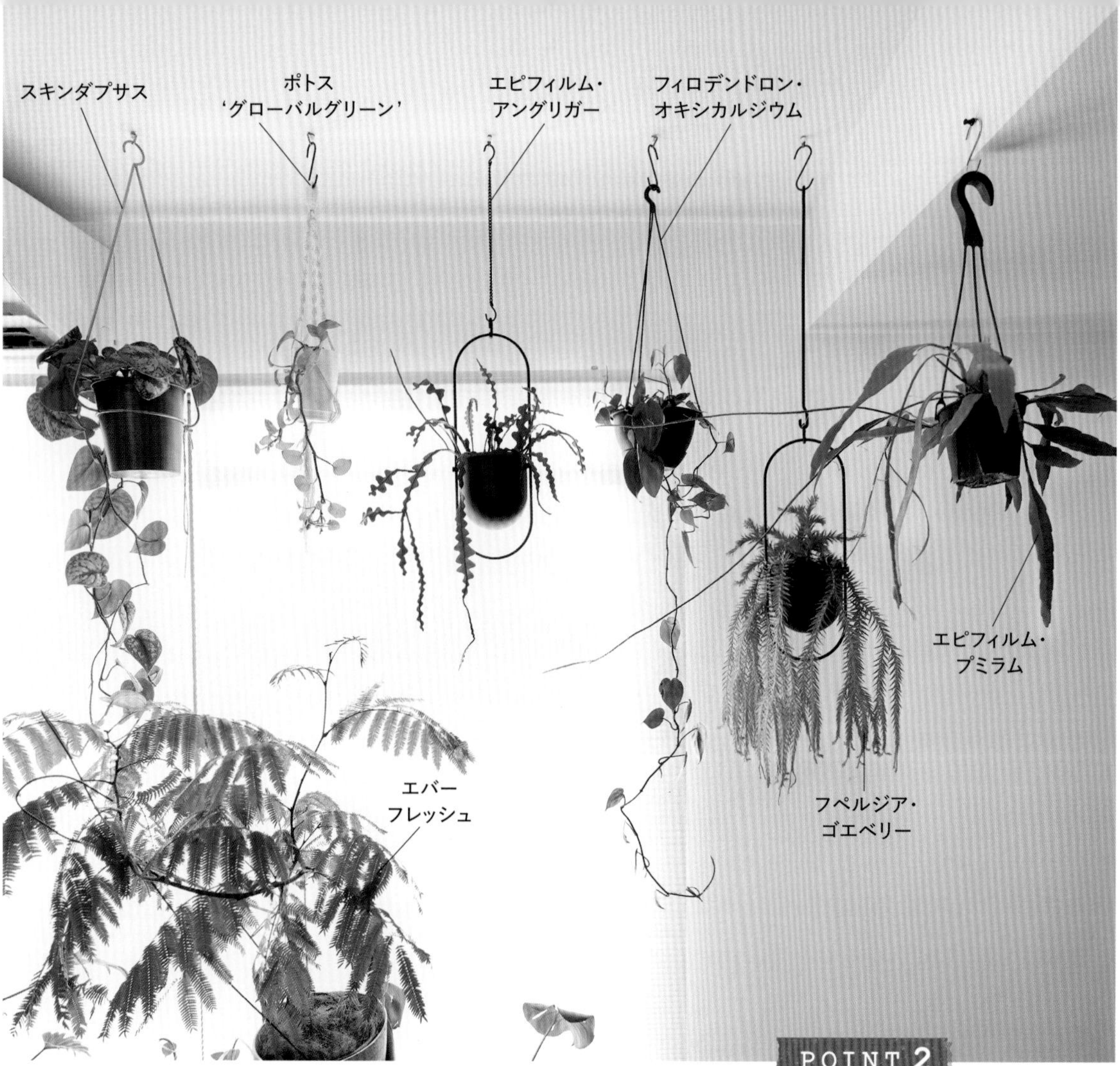

POINT 2

ハンギングは葉形の異なるものを隣り合わせに

窓の近くはハンギングのエリア。単調にならないよう、葉形に特徴があるものを集めています。飾るコツは、隣り合う植物の葉形にメリハリをつけること。空間に表情が生まれ、逆光でシルエットになった時も造形的な美しさを楽しめます。

①アデニウム・オベスム ②シンゴニウム‘ブラックベルベット’
③フィロデンドロン・ミカンス ④サンスベリア

POINT 3

小さい鉢をまとめて立体的に

p30に紹介したリビングルームの入り口近くに置いた大きな植物の脇に、脚が複雑でオブジェ感のあるテーブルを配置。小さな植物を集めました。奥のアデニウムを高くすることで立体的になり、変化のある鉢がアクセントに。隣の大きな葉のモンステラとの対比が楽しめます。

Case 05

POINT 4

キッチン回りにもグリーンのスペースを

シンクの真上にバーを設置し、ハンギングを飾り、グリーンカーテンのように。窓から離れているので、比較的耐陰性のある植物を吊っています。伸びすぎたポトスなどをカットしたものは水に挿し、レンジフードの上に飾っています。

右:エスキナンサス‘トリコロール’
左:エスキナンサス・マルモラタス

カットした茎を瓶で水耕栽培。根が出てきているので、鉢上げも可能。

フィロデンドロン・クッカバラ

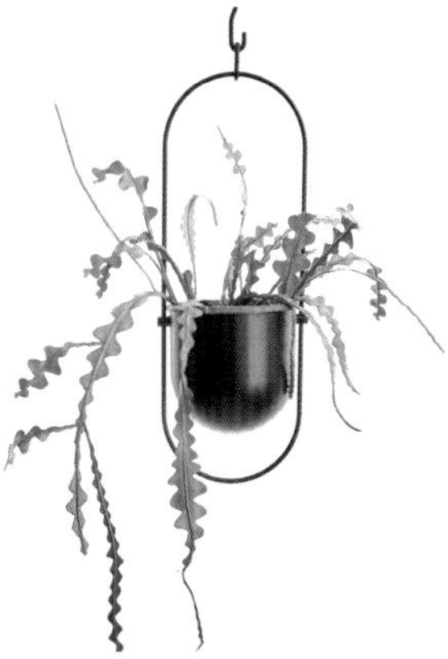

エピフィルム・アングリガー

マランタ・レウコネウラ‘レモンライム’

POINT 5

鉢の色合いは統一感を持たせて

鉢の色は白、茶、グレー、黒に絞る代わりに、テイストにはバラエティを持たせています。モンステラは黒い鉢をひっくり返した上に、同じ鉢に植えたものを置いています。パッと見ただけでは2つ使っているとは分からず、デザインに凝った鉢にも見えます。

モンステラ

Case 06

テラスと部屋をグリーンでつなぐ

大阪府 熊谷邸

深い庇が葉焼けを防ぐ

20代からグリーンが好きだった熊谷さん。育て始めた頃は大きな葉の植物が好みでしたが、最近はシダ類がお気に入りとか。

「以前は似た葉色のものをそろえていましたが、最近は差し色にピンクや赤の葉色の植物も取り入れています」

自宅3階には広いベランダがあり、植物が葉焼けしないよう、庇を深く設けています。窓を開けると部屋と一体化し、まさにリゾートにいるような気分を味わえます。

水やりに気を遣う

室内に置いてある植物は、インテリアとの調和を重視。植物が際立つようモノトーンの鉢を用い、アート作品やガラスの器、照明などと組み合わせて飾っています。

「一番気を遣っているのは水やり。指で土を直接触り、湿り具合を確認。触りにくい鉢は、竹串を挿して土の湿り具合を見てから水やりします」

①スキンダプサス‘アルギレウス’ ②スキンダプサス‘トレビー’
③ポリポデュウム・ペルシシフォリア
④フィロデンドロン・オキシカルジウム‘ブラジル’
⑤ストレリチア・オーガスタ ⑥フィロデンドロン・オキシカルジウム
⑦ネフロレピス・ビセラータ‘マッチョ’ ⑧ハオルチア ⑨マドカズラ
⑩アレカヤシ ⑪ポトス テルノワカクサ ⑫ポトス‘グローバルグリーン’
⑬リプサリス・カスッサ ⑭リプサリス
⑮スパティフィラム・ワリシー バリエガータ ⑯ポトス‘エンジョイ’
⑰フィロデンドロン‘フロリダゴースト’ ⑱スキンダプサス‘アルギレウス’
⑲ペペロミア‘ゴールデンゲート’ ⑳フィロデンドロン・セローム
㉑アガベ・アテナータ ㉒ビカクシダ ㉓ブレクナム‘シルバーレディ’
㉔アスプレニウム‘エメラルドウェーブ’ ㉕タマシダ
㉖フィカス・ウンベラータ ㉗ユッカ・ロストラータ
㉘ストロマンテ‘トリオスター’ ㉙ユッカ・グロリオサ ㉚モンステラ（斑入り）

ガラスの容器とモノトーンのインテリアで、モダンな雰囲気に。

伸びすぎたシンゴニウム‘フレンチマーブル’を水挿しに。お気に入りのオブジェと組み合わせて。

POINT 1

オブジェや絵と組み合わせて

「グリーンを含めたインテリア」の意識で空間を構成。家具や絵、時計、植物の器、葉といった構成要素すべてのバランスを吟味して飾っています。葉の大きなストレリチアの両脇には、垂れ下がる植物を吊るなど、隣り合う植物に変化をつけるのがコツ。

Case 06

アレカヤシ

ブレクナム
‘シルバーレディ’

アガベ・アテナータ

スパティフィラム・
ワリシー バリエガータ

①フィロデンドロン‘フロリダゴースト’ ②ポトス‘エンジョイ’ ③スキンダプサス‘アルギレウス’ ④ペペロミア‘ゴールデンゲート’

POINT 2

鉢や鉢カバーはモノトーンで統一

モノトーンを基調としたインテリアに合わせて、鉢もモノトーンで統一。同じ色でも、材質による風合いの違いやデザインで変化をつけ、単調にならないように。ベランダ部分の外壁は黒に近いグレーなので、白い鉢やブルー系の葉、大きな葉の植物が映えます。

POINT 3

ベランダをリノベして冬越しできるように

2階のベランダには壁がありませんでしたが、植物を冬越しさせる場所にするため壁と窓を設置。葉焼けを防ぐためすりガラスにし、なるべく光を受けられるよう、鉢植えは台に載せて。ハンギングは植物の部分が窓の高さになるように調節しています。

①エスキナンサス・マルモラタス ②エピフィルム・アングリガー ③エスキナンサス ラディカンス（斑入り） ④レピスミウム・クルシフォルメ ⑤リプサリス・プニセオディスクス ⑥ホヤ・ロンギフォリア（ホヤ チャイナビーン） ⑦フィロデンドロン・オキシカルジウム‘ブラジル’ ⑧ホヤ・ポリネウラ（フィッシュテール） ⑨ホヤ・ヘウスケリアナ ピンク ⑩ネフロレピス・ペンジュラ ⑪ネフロレピス‘ハッピーマーブル’ ⑫ヒメモンステラ ⑬ペラエア・ロツンディフォリア(ボタンファーン) ⑭アジアンタム アラゲクジャク ⑮フィロデンドロン‘オレンジプリンセス’ ⑯アジアンタム ⑰アジアンタム・ミクロフィラム ⑱アジアンタム フレグランス ⑲ポトス‘ライムコンパクト’ ⑳フィロデンドロン‘バーキン’ ㉑シンゴニウム‘ミルクコンフェッティ’ ㉒スキンダプサス‘オルモストシルバー’ ㉓スキンダプサス‘シルバーアン’ ㉔アスパラガス・ナナス ㉕フィロデンドロン‘ホワイトプリンセス’ ㉖カラテア・オルビフォリア ㉗モンステラ‘ジェイドシャトルコック’ ㉘スキンダプサス‘トレビー’（水挿し） ㉙ハートファン ㉚スキンダプサス‘アルギレウス’ ㉛フィロデンドロン‘ピンクプリンセス’

①ペペロミア・ベルシャフェルティ ②ホヤ・パラシティカ‘ブラックエッジ’ ③ポトス エメラルド
④マランタ・レウコネウラ マッサンゲアナ ⑤ホヤ・カリストフィラ ⑥マドカズラ

Case 07

限られた場所で楽しむ

〔東京都 吉井邸〕

狭い空間を圧迫感なく

下の子どもが幼稚園に通い始めたのをきっかけに、マンションのリビングルーム一部屋でグリーンを育てている吉井さん。子どもが小さいうちは、「吊る」ものから始めたそう。

テーマは限られた狭い空間を、いかに圧迫感なくするか。そのため、「飾る場所」を限定し、空間を立体的に使っています。

育成ライトや加湿器で補助

「育て始めた頃は、弱ると慌てて肥料をやってかえって状態を悪くしたり。徐々に水加減など、植物が何を欲しているか分かるようになりました。ただディスキディアは環境に合わなかったみたいです」

光が当たりにくい場所は植物育成ライトで補助。冬は、エアコンだと空気が乾燥するので、パネルヒーターと加湿器を使っています。水やりは浴室で。シャワーで葉にも水をかけるようにしています。

勉強机の脇の棚は、子どもたちのお気に入りの場所。植物の近くに恐竜のフィギュアを並べて楽しんでいる。

POINT 1

子どもにも植物を愛する心を伝えるために

子どもが小さい頃は危ないので低い位置に鉢を置いていませんでしたが、小学生になってからは解禁。お母さんが植物を大切にしているのを見て、子どもたちも植物が好きに。誕生日に植物をプレゼントしてくれるようになり、自分たちも楽しんでいます。

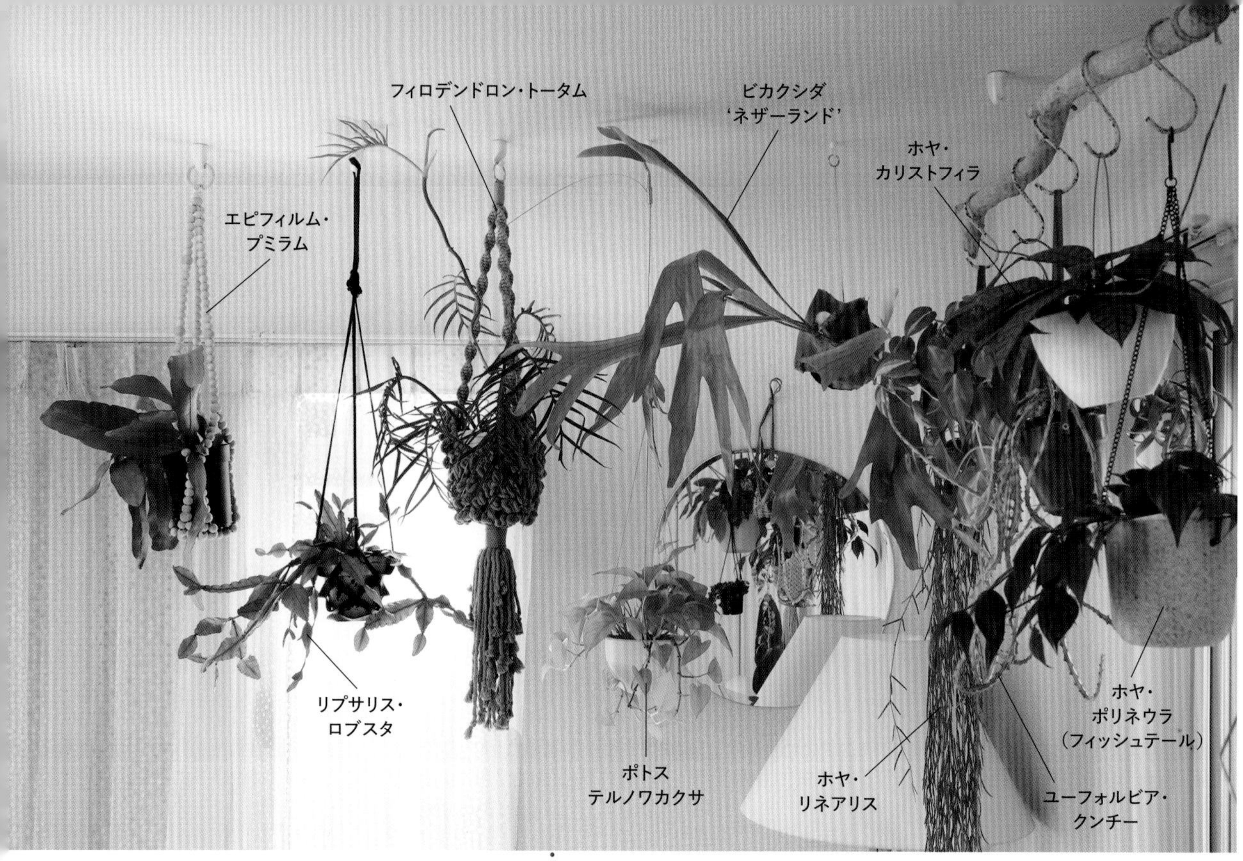

Case 07

POINT 2

プラントハンガーを工夫

写真右上の流木は、たまたま花屋で見つけたもの。ハンギングは高さに変化をつけ、異なる葉形のものを組み合わせています。さまざまなプラントハンガーを利用することで、インテリア効果も。間接照明で、壁や天井に影が出るよう工夫しています。

POINT 3

オブジェ感覚の個性的な鉢を使いこなす

個性的な鉢が好きで、気に入った4〜5号鉢と出合ったら、とりあえず購入。鉢に合わせる植物を考えるのも、楽しい時間です。飾る際は、石を敷いたり、高さを調整する台にこだわるなどして、自分好みの「風景」をつくるようにしています。

エピフィルム・クリソカルディウム

コルジリネ
‘チョコレートクイーン’

モンステラ（斑入り）

ユーフォルビア・
フランコイシー Hyb.

カツモウイノデ
（褐毛猪手）

Part 2

健やかに育てて美しく飾る

初心者でも安心して育てられるよう観葉植物の育て方を徹底解明。
鉢の選び方や飾り方のコツなど
美しく飾るアイデアも紹介します。

01 観葉植物とは

丈夫で一年中美しい

観葉植物とは、文字通り「葉を観て」楽しむ植物のこと。常緑で一年を通して葉の形や色、模様などを味わうことができる植物をさす言葉です。もともと大自然のなかで生きていた植物のうち、丈夫で屋内でも育てやすく、美しいものが観葉植物として愛されるように。栽培に手がかからないものが多く、品種改良も進み、ますます多様化しています。

故郷を知る楽しさ

日本で流通している観葉植物の多くは、下の「主な原産地の気候」で紹介しているエリアが故郷です。育てている植物の原産地を知ると、「熱帯の植物だから寒さは苦手。冬は暖かい部屋に置こう」とか、「適度な湿度を好むようなので、ときどき霧吹きを」といった具合に、管理のヒントになります。また、生まれ故郷の様子を想像すると楽しみが広がりそう。ぜひ参考にしてみてください。

主な原産地の気候

観葉植物として愛されている植物は、温暖な地域を原産地としているものがほとんど。原産地を知ると、育て方の参考にもなります。

熱帯サバナ気候

草原にバオバブのような乾燥に強くて貯水能力のある木が生え、シマウマやライオンがいる——それが、典型的なアフリカのサバンナの風景です。タンザニアやコンゴなどのアフリカ・サバンナ地帯以外に、オーストラリア北部、ベネズエラの一部、ブラジル高原、インドのデカン高原などもサバナ気候。夏の雨季と冬の乾季がハッキリ分かれており、木陰が少ないので、強い光を好む植物や乾燥に強い植物が育ちます。

〔このエリアを原産地とする代表的な観葉植物〕
多肉植物（ベンケイソウ科、アガベ属、サンスベリア属、ユーフォルビア属など）

熱帯雨林気候

観葉植物の故郷の代表格が熱帯雨林、いわゆるジャングルです。赤道直下に位置し、気温は一年を通して26～28℃と、日本の夏より涼しいくらいです。午後によくスコールが降るのも、この気候帯の特徴。森では超高木をはじめ、さまざまな樹高の常緑広葉樹が密に生えているため、森の中は直射日光が差さず、湿度が高い状態です。また、光を求めて木に巻きついて登っていくつる性植物も多く見られます。

〔このエリアを原産地とする代表的な観葉植物〕
フィカスの仲間、ヤシの仲間、サトイモの仲間、シダ類など

熱帯に近い温帯気候、地中海性気候

熱帯に近い温帯は、年間を通じて温暖で、夏によく雨が降ります。メキシコ高原や中国南西部、エチオピア高原、オーストラリア北東部などが含まれ、日本では奄美大島などがこの気候です。葉にツヤがある広葉樹の森の中には、シダやつる性植物も多く見られます。地中海性気候は年間を通して温暖で、夏は日差しが強くて乾燥気味になる地域。乾燥に強い、葉が硬めの植物が多いのが特徴です。

〔このエリアを原産地とする代表的な観葉植物〕
コルジリネ属、ポリシャス属、ドラセナ属、ヤシの仲間、シダ類など

砂漠気候・ステップ気候

ステップとは丈の短い草が生える草原のことで、ステップ気候は砂漠ほど暑くなく、雨季に多少雨が降ります。砂漠もステップも年間の降水量が少なく乾燥気味で、昼夜の温度差が大きい点が共通しています。場所は北アフリカや、ユーラシア大陸の内陸部、オーストラリア中央部、南米のパタゴニアや北米の西部など。多肉植物やサボテンなど乾燥に強く強い光を好む植物や、塊根植物など貯水力がある植物が育ちます。

〔このエリアを原産地とする代表的な観葉植物〕
サボテン、多肉植物、塊根植物など

植物のタイプ

ひとくちに観葉植物といっても、形状も育ち方も多彩。
植物の育ち方によって、
いろいろな楽しみ方ができます。

［多年草］

カラテア・オルビフォリア

葉色や葉形、葉の模様が美しいものが多く、鉢との組み合わせでさまざまな世界観を表現できます。インテリアの好みに合わせやすく、品種によっては手ごろな価格で手に入ります。

［木になるもの］

フィカス・ベンガレンシス

年々太く、背が高くなり、樹皮の内側に「形成層」と呼ばれる組織ができます。風格や存在感があり、インテリアの要としての役目も。少しずつ大きく育て、成長を見守る楽しみもあります。

［多肉植物・サボテン］

ハオルチア 玉扇

ケファロケレウス 翁丸

体内に水分をためる力があり、乾燥に強い植物。水やりの回数が少なくてすむので、忙しい人でも育てやすく、近年人気が高まっています。ユニークな形状も魅力です。

［つるになる植物］

ヒメモンステラ

自然界では樹木に巻きついて上に登っていきますが、家で育てるならハンギングや縦長の鉢で楽しむのに向いています。カットした茎を水に挿すと根が出るものが多いのも特徴。

02

育て方のバリエーション

土のメリット・デメリット

観葉植物の最も一般的な育て方は、鉢に用土を入れて育てる方法です。水はけ・保水力にすぐれた質のよい土に植え、必要に応じて植え替えをすれば、何年にもわたって健康に育てることができます。最近はデザイン性に富んだ鉢がいろいろ売られているので、植物とどう組み合わせるか、あれこれ考えるのも楽しいものです。

ただし、慣れるまでは土の渇き具合が分かりにくいのが難点です。過湿の状態が続くと生育に悪影響を与えるほか、場合によっては土の表面にカビが生えることもあります（水やりについてはp54参照）。また、植物が大きい場合、鉢と土、植物を合わせるとかなりの重量になります。

取り入れたい多彩な育て方

土を使わず、水で育てる方法もあります。特殊な木炭チップを使った水耕栽培は、衛生的で初心者でも手軽に育てられるのがメリット。また、木を小さく育てたい場合にも向いています。

最近は、ガラスケースの中で、さまざまな植物や場合によっては魚などの水生動物も一緒に楽しむ、パルダリウムも人気です。多彩な育て方を取り入れると、観葉植物の世界がさらに広がるはずです。

アグラオネマ
'レッドゴールド'

リプサリス・
ケレウスクラ

インテリアに合わせやすい

鉢植え

個性的な鉢や鉢カバーを用いることで好みの世界観をつくりやすく、インテリアの一部としても活躍。空間表現としてのグリーンの役割を、大きく広げてくれます。鉢選びに関してはp48~51を参照。

初心者でも安心して育てられる

水耕栽培

本書ではいわゆる水栽培だけではなく、土以外の素材を生かした育て方も含めて水耕栽培と呼んでいます。水やりなどの管理がしやすく、土に比べて細菌などの繁殖リスクが比較的少ないので、小さなお子さんがいる家庭でも安心です。

給水ロープから植物が必要な水を吸い上げてくれるシステムの「torch」。水やりに神経質にならなくてすみ、苔も植物も元気に育つ。
［torch/PIANTA×STANZA］

土を使わず木炭チップを利用しているので衛生的。透明な器で水の量が見えるので、水やりの失敗も少ない。

ガラスの中の小さな生態系

パルダリウム

ガラス容器の中に専用の用土、石を配置し、観葉植物や苔などを植え込み、風景を表現する楽しみ方。湿度を保てるので、熱帯雨林に近い環境をつくることも可能です。フタを閉められるので、ペットを飼っている家でも安心。詳しくはp74~80を参照。

03 上手な選び方

"好き"がなにより

植物との出会いは一期一会

植物との縁は、"出会い"です。まずは「あっ、家にこの植物を飾りたい！」という直感を大事にしましょう。同じ植物でも枝ぶりや茂り方が異なり、個性があります。まったく同じものはないといってもいいでしょう。植物との出会いは、まさに一期一会です。

植物名を知る

出先などで「この植物が素敵」と思ったら、まずは品種を調べましょう。そのうえで園芸店に行くと、似ているけどちょっと違う植物もあります。いろいろ見ているうちに、お気に入りのものが見つかるはずです。

カラテア・ビッタタ

どちらが好き？

カラテア 'ジャングルローズ'

左の写真はどちらもカラテアです。
同じ仲間でも、品種が違うと
こんなにテイストが違います。
自分の"好き"を
まずは直感で選びましょう。

育てやすさで選ぶ

まずは育てやすいものから

せっかく購入したのに育てているうちに弱ってしまったら、がっかりするはず。初心者はとくに、育てやすいものから始めることをおすすめします。とはいうものの、ほとんどの観葉植物は育てるのに特別な技術は必要ありません。それほど手間がかからず、初心者でも無理なく育てられるのも、観葉植物の魅力です。

ライフスタイルに合わせる

たとえば繊細な葉が人気のシダ植物・アジアンタムは、空中湿度が高くないと葉が縮まり、枯れることも。こまめに葉水をやる必要があるので、忙しい人には向かないかもしれません。自分のライフスタイルに合った品種を選ぶのも、失敗しないコツです。難易度が分からない場合は、園芸店のスタッフに尋ねましょう。

好みの姿を探す

仕立て方で樹形は変わる

このページの写真は、どちらもパキラです。ずいぶん印象が違うと思いませんか？ 片方はわざと幹を曲げて、もう片方はしっかり幹を太くした樹形に仕立ててあります。

木の場合はとくに、同じ植物でも、生産者の仕立て方によって樹形が異なります。できれば自分の目で確かめて、好みの樹形のものを選びましょう。また、今後どういうふうに育っていくかも想像してみてください。

パキラ

パキラ

樹形の違いに注目！

同じパキラでも仕立て方の違いで
こんなに雰囲気が変わります。
また、樹木は生きものなので
まったく同じ姿のものはありません。
できれば自分の目で確かめて選びましょう。

ショップや通販で選ぶ際のポイント

信頼できる人から買う

初心者はとくに、園芸店や観葉植物専門店などで、専門的な知識を持った人から買うことをおすすめします。ショップスタッフは、いわばアドバイザー。購入時に育て方について教えてくれるだけではなく、育てるなかで疑問が生じた時にも相談に乗ってくれます。最近はインテリアショップなどでもグリーンを販売していますが、店員に知識がない場合もあるので、初心者は避けたほうが無難です。

通販で樹木を買うなら一点ものを

オンラインショップなどで買う場合、観葉植物の専門店や生産者による通販など、信頼できるところから買うことをおすすめします。樹木を買う際、樹形にこだわるなら、一点ものを販売しているところを選びましょう。画面で見た現物が届くので安心です。

04 鉢選びのコツ

全体のバランスを考えて

鉢を選ぶ際は、飾る部屋のインテリアとの調和を意識すると同時に、植える植物の特性やシルエットに合った形状のものを選ぶのがポイントです。スレンダーな姿を強調したいのなら、鉢も細身のものを。どっしりとした存在感のある木には、口径が大きく安定感のある鉢を選ぶのもひとつの方法です。

植物に合った大きさのものを

植物のボリュームに合ったサイズの鉢を選ぶことも大事です。植物のボリュームに対して鉢が大きすぎると、望んでいるサイズより大きく育ちすぎたり、土が過湿になり根が健康に育ちにくくなる場合もあります。購入した時のポットと同じサイズか、やや大きめのものを選ぶのがおすすめです。大きく育てたい場合は、少しずつサイズの大きな鉢に植え替えをするようにし、急に大きな鉢に植えるのはやめましょう。

鉢でこんなにイメージが変わる

同じパンダガジュマルを、テイストの異なる鉢に植えて検証。
鉢によって、同じ植物でも全体の印象がかなり変わります。

釉薬がかかった陶器の鉢はバリエーションが豊富で、あたたかみがあるのが特徴。和洋どんな雰囲気の部屋にも似合います。

ファイバー入りのセメント製などのシンプルな鉢は、モダンなインテリアにぴったり。また、鉢が主張しすぎないのでグリーンが際立ちます。

育ち方で鉢を決める

**植物の特性に合った形状の鉢を選ぶと
その植物の魅力がより発揮されます。
できれば植物の性質を知ったうえで、
鉢を選ぶに越したことはありません。**

フィロデンドロン
‘クリームスプラッシュ’

つる性の植物は背の高い鉢で

奔放に茎が伸びていくつる性植物は、ハンギングで楽しむほか、背丈が高い鉢も向いています。棚などに置いて、前方のつるが垂れ下がるように飾ることもでき、立体感のある飾り方が可能です。

根を見せたい場合は浅い鉢を

写真のクッカバラやガジュマルなど、地上部に根が出る植物は、根を見せる植え方をするとその植物らしさがより表現できます。その際、やや浅めの鉢を使ったほうが全体にバランスがよく、根をしっかり見せることができます。

フィロデンドロン・
クッカバラ

鉢の材質

**鉢の材質によって
テイストが違うだけではなく
水分の蒸発具合など、性質も異なります。
購入した際のプラスチックの鉢ごと鉢に入れ、
鉢をカバー代わりに使うこともできます。**

釉薬陶器

白釉に貫入《かんにゅう》（ひび割れ）が入り、品格を感じさせる

釉薬をかけて焼いた陶器は風合いに富み、作家性が強く出るものもあります。釉薬の種類によってさまざまなテイストのものがあり、バラエティに富んでいるのも魅力。

あたたかみとモダンを兼ね備えたデザイン

金属のように見えるマットな輝きが特徴

釉薬の流れを生かした、あたたかみのある鉢

釉薬をかけて焼き、後から釉薬を削り独特の風合いに

素焼き（テラコッタ）鉢

素焼きの鉢は通気性、排水性に富んでおり、根腐れしにくいという特徴があります。ナチュラルな風合いも魅力で、自分で色を塗るなどしてオリジナルの鉢をつくることもできます。

いぶしによる独特の風合いが特徴

デザイン性が際立つインポートの鉢

シンプルなテラコッタ鉢

セメント

耐久性が高い
ファイバー入りのセメント鉢

シンプルなので植物を引き立ててくれるセメント鉢

シンプルでモダンなテイストのものが多く、セメントにファイバーを混ぜたものは耐久性にすぐれているのも特徴です。通気性に富んでいるので根の成長にもよい影響があります。

缶

なんといっても軽いのが魅力。
鉢カバーとしても利用しやすく、
カジュアルな雰囲気を演出できます。

古い缶を
リユースして
鉢として利用

ウッド

腐りにくい硬い木でつくった鉢は、ナチュラルな風合いがあり、
素朴な魅力があります。湿度が高いとカビが生えやすいので注意を。

ハーブなどをつぶすミルを
リユースした鉢

美しい木目も魅力

鉢カバーを活用

プラ鉢に植えて鉢カバーを利用すると、水やりや植え替えの際など、プラ鉢を取り出して行えるので便利です。とくに大型の鉢の場合、プラ鉢だと重量が軽減できるので作業が楽になります。水やりの際は、鉢カバーに水をためないようにしましょう。

グラスファイバー

グラスファイバー製の鉢は軽くて耐久性があり、
土が乾燥しにくい特性があります。
デザイン性にも富んでいます。

表面の凹凸が
個性的

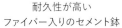

05 置き場所

❶光は不可欠

植物が光合成を行うためには、光が不可欠。光がないと、生きていけません。ただ好む光の量は、植物によって違います。たとえば熱帯雨林の林床で育つ植物は、原産地では木漏れ日を浴びる程度なので、直射日光は苦手です。そのためある程度の耐陰性があり、屋内で管理しやすいといえます。

一方、サバナや砂漠、ステップ気候のように開けた場所を原産地とする植物の多くは光が大好きです。それぞれの植物が好む環境を知り、置き場所を考えましょう。p85からの図鑑ページでは植物の好む光の量をアイコンで示しているので参考にしてください。

❷通風を心がける

自然界では風がない日でも、常に空気が動いています。空気が動かないと、光合成も滞りがち。室内で育てる場合は、冬以外は窓を開けるなどして通風を心がけましょう。ただし、エアコンや扇風機の風を直接当てるのはNGです。

❸外気に当てるのも大事

植物は本来、外で育つものです。観葉植物も同じ。春〜秋はできるだけベランダなどに出し、屋外の光と風に当てると機嫌がよくなります。ただし直射日光が苦手な植物も多いので、置き場所には注意し、必要に応じて遮光ネットなどを利用します。

❹温度にも注意を

観葉植物の多くは、寒い場所は苦手です。冬季、暖房の入っていない北側の窓辺など、気温が下がる場所には置かないようにしましょう。逆に夏の高温多湿が苦手な植物も少なくありません。

どんな環境を好むかは植物によって異なりますが、人間にとって心地よくない環境は、植物にとっても心地がよくありません。居心地のよい環境に置いてあげましょう。

屋内で健康に育てるための工夫

観葉植物を健康に育てるには、部屋の空気が常に動いていることが大事です。窓が開けられない季節は、サーキュレーターで風を動かすと植物が喜びます。ただし直接、風を当てないように。

日光が入りにくい部屋の奥のほうや、窓がない部屋に植物を置く場合は、植物育成ライトなどで光を補うと健康に育ちます。ただし一日中点けっぱなしだと植物も疲れるので、夜間は消すように。

ここに気をつけると より健康に

直射日光に注意!

観葉植物のなかには、直射日光に当たると葉焼けするなど、強い日差しが苦手なものが少なくありません。そうした植物はレースのカーテン越しに光が当たる場所などで管理しましょう。

ときどき鉢の向きを変える

一方からだけ日が当たる状態だと、光の方向に向かって枝が伸びてしまい、アンバランスに育ちます。ときどき、鉢の向きを変えるようにしましょう。大きい鉢の場合、キャスター付きの台や鉢受け皿の上に置いておくと、楽に向きを変えられます。

可能であれば春〜秋は屋外に

外気と太陽の光に当てると、植物が元気になります。春〜秋にかけて、毎日でなくてもよいので、なるべく外に出しましょう。写真は遮光ネットの下に置いたフィカス・アルテシマ バリエガータ。

06 水やり

土が乾いてからたっぷりと

植物の種類や鉢の大きさにもよりますが、水やりの原則は、「土の表面が乾いて2〜3日経ってから、鉢底穴から水がどんどん流れ出るまでたっぷりと」。土が乾かないうちに水やりをすると、根が呼吸できなくなり、根腐れの原因になります。鉢受け皿に水をためないことも大切です。本書の図鑑で紹介している植物の多くは、1週間に1回たっぷり水やりをすれば大丈夫です。

自然界で植物は、葉からも水分を吸収します。葉の乾燥を防ぐためにも、ときどき浴室やベランダなどで、シャワーで植物全体にしっかり水やりをすることをおすすめします。

湿度を好むものは葉水を

シダ植物など空中湿度を好む植物は、葉の様子を見て、葉に霧吹きをしましょう。エアコンを使う季節など空気が乾燥している場合は、こまめに葉水を与えたほうが安心です。

シャワーをかけるように葉の上からたっぷりと

植物全体にシャワーで水をたっぷりかけ、鉢底穴からどんどん水が流れ出るようになるまで水やりします。できれば葉の裏にもシャワーを。ハダニなどの害虫も落とせます。

中心部が筒状の植物は筒に水をためる

ビルベルギアなど中心部が筒状になっているパイナップル科の植物は、シャワーで水やりをし、筒に水をためた状態にします。夏は水を清潔に保つよう毎日水やりを。

空中湿度が高い環境を好む植物は葉水を

シダ類など空中湿度を好む植物は、霧吹きで葉水を与えます。ただし風通しの悪い状態で葉水をやると蒸れてしまうことがあるので注意を。写真はフペルジア 'Hang Hong'。

07 肥料

「元肥」と「追肥」の違い

肥料は大きく分けて、植えつけ時や植え替え時などに土に混ぜる「元肥」と、植物の生育に応じて養分を追加する「追肥」があります。通常、1カ月に1回程度、液肥で追肥を。また新芽が伸びるタイミングで、粒状の肥料を土の上にまくとよいでしょう。活力剤には、肥料には通常含まれていないミネラル分やビタミン、アミノ酸など植物の生育を活性化する養分が配合されており、植物を健康に育てるうえで役立ちます。

液肥は規定濃度より薄く

肥料を与えすぎると、枝葉が伸びすぎたり、「肥料やけ」という現象が起きて葉を傷めかねません。また、土中の肥料分が多くなりすぎると根が栄養分を吸収できなくなり、株が弱ってしまうこともあります。観葉植物は生命力が旺盛な植物が多いので、液肥は規定濃度の2分の1程度に薄めて使うことをおすすめします。

[肥料の与え方の基本]

液肥や活力剤は水に溶かして

液肥は規定濃度より薄めに希釈し、1カ月に1回を目安に、水やり時に与えます。活力剤は、植え替え時の水やりや、なんとなく元気がない時に使いましょう。

元肥は植え替え時に用土に混ぜて

元肥は植え替え時などに用土に混ぜて用います。もともと培養土に肥料分が含まれている場合は、元肥を混ぜる必要はありません。

[代表的な肥料や活力剤]

活力剤

植物活力素 メネデール

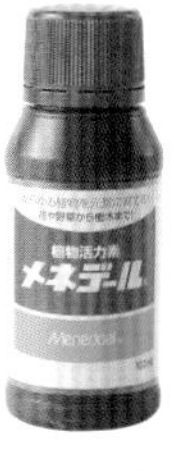

植物に必要な鉄分などをイオンの形で含む植物活力剤。根の成長を助け、光合成を高める働きも。

追肥

ハイポネックス トップクオリティ 液肥 観葉植物

観葉植物に特化した液肥で、土だけではなく葉面からも吸収するので葉水にも使えます。

MY PLANTS すばやく元気を届けるミスト

葉や土にスプレーし、手軽に栄養補給が可能。酵母由来の活力成分による土壌改良も期待できます。

元肥

マグァンプK

植えつけ時や植え替え時に用土に混ぜると約1年間ゆっくり効き続け、植物の成長を助けます。

08 気をつけたい病害虫

屋内でも虫はつく

観葉植物の代表的な害虫が、ハダニとカイガラムシです。ハダニは乾燥下で、カイガラムシは日当たりや風通しが悪かったり、蒸れると発生しやすくなります。とくに活発に活動をするのが春〜秋。見つけ次第、殺虫剤を使用するなどして駆除しましょう。ハダニはシャワーによる葉への水やりでも密度を減らせます。

そのうえで置き場所を考え直し、通風の改善などを試みましょう。また、春〜秋に屋外の半日陰で養生すると、早めに回復します。

なにより早期発見を

観葉植物は一般的に病気にかかりにくいですが、害虫の排泄物が原因で葉がベタベタになったり、すす病を誘発することがあります。また、蒸れが原因で灰色かび病などにおかされることも。いずれにせよ早期発見が大事です。水やりの際などに、よく観察しましょう。

[代表的な害虫]

ハダニ

葉の裏や新芽、葉のつけ根などに付着し、栄養を吸汁します。ハダニがつくと葉に白い斑点やかすり傷がつき、放っておくと植物を弱らせ、最悪は枯らしてしまう恐れもあります。

●**対策**：ハダニは水に弱いので、シャワーをかけて流します。数が少ない場合は、ティッシュペーパーで拭き取ってもよいでしょう。多い場合は、殺虫剤で駆除します。

ハダニを放置して、吸われた部分の葉緑素が抜けたテーブルヤシ。

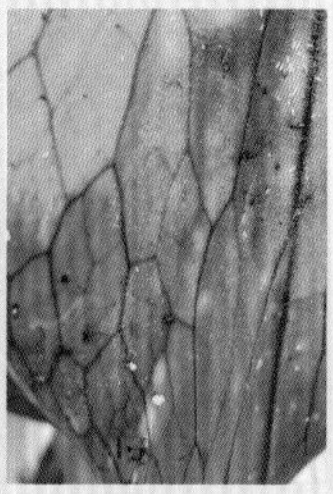

葉裏にハダニがついているビカクシダ。

カイガラムシ

殻をつくって茎や葉にへばりつく種類と、成虫になっても動く種類があります。数が多いと、植物を弱らせる原因に。また、ベタベタした排泄物にカビが生えたり、すす病の原因にもなります。

●**対策**：殻をつくるタイプの場合は、葉や茎を傷つけないよう、歯ブラシでそっとこすり落とします。フワフワした動くタイプは、シャワーで洗い流すか、ティッシュペーパーなどで取り除きましょう。いずれの場合も、その後、殺虫剤を散布します。

テーブルヤシについたミカンコナカイガラムシ。

[代表的な薬剤]

速効性のあるものや、一定期間効果が持続する浸透移行性の薬剤があります。状況に応じて、使い分けましょう。

ベンレート水和剤

病原菌の侵入を防ぐ予防効果と、侵入した病原菌を退治する効果を兼ね備えています。水に溶かしてスプレーして使用します。

ベニカX ファインスプレー

ハダニやアブラムシなど代表的な害虫やうどんこ病に効き、スプレー式なので手軽で便利です。

オルトランDX粒剤

浸透移行性の粒剤。土の上にまいておくと、水分とともに植物に吸収され、吸汁する害虫を退治します。

09

増やし方

株分けや挿し芽で増やす

年々株が大きくなる宿根草や、子株で増えていく植物は、植え替え時に株分けをすることで鉢を増やすことができます。増やした株を観葉植物仲間と交換するのも、楽しいかもしれません。

サトイモ科のつる性植物など、茎の節から根を出し、木に絡まりつく性質の植物のなかには、挿し芽で簡単に増やせるものがあります。また、植物によっては切った枝や茎葉を水に挿しておくと、発根するものも。ある程度、根が出たところで鉢に植え替えます。

株分けする

育つにつれて株の数を増やしていく植物は、根詰まりを防ぐ意味でも、数年に一度株分けしましょう。株分けする際、手で分けられない植物は、消毒をしたよく切れるナイフで切るようにします。詳しくはp62～65を参照。

カットした茎から増やす

サトイモ科のつる性植物は、カットした茎を水に挿しておくと、根が出るものが少なくありません。いろいろ試してみては？

水挿しをしたシンゴニウム'フレンチマーブル'から元気に根が育っている。

カットした茎を水に挿して発根させたところ。

10 植え替え

2～3年に一度は植え替えを

植物は何年も植えっぱなしにしていると、根詰まりしたり、土の劣化によって植物が弱る場合があります。また、葉が密になりすぎて蒸れの原因にも。植物の種類にもよりますが、できれば2～3年に一度は植え替えるのが理想です。植え替え適期は桜が散ってから梅雨が明けるまで。夏や冬季の植え替えは避けます。

植え替えは元の鉢と同サイズか少し大きめのものに。いきなり元の鉢より極端に大きい鉢に植え替えるのは、植物のためによくありません。

培養土と赤玉土を混ぜる

用土は、草花用培養土と赤玉土（小粒）を1：1で混ぜると、通気性や排水性が向上します。草花用培養土には肥料分が配合されている場合があるので、確認して配合されていなければ元肥を入れます。植え替え後の水やりの際、活力剤を使うと、根の成長を促す効果があります。

[用意するもの]

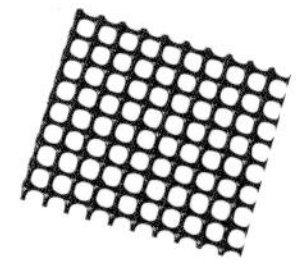

鉢底網

鉢

用土

草花用培養土

鉢底石

富士砂

赤玉土（小粒）

活力剤

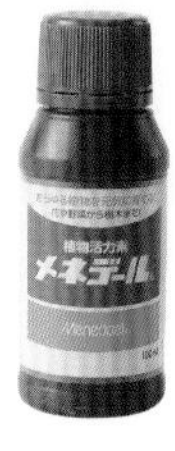

メネデール

元肥

マグァンプK

[植え替える植物]

フィカス・ベンガレンシス

道具

割りばし

園芸用ハサミ

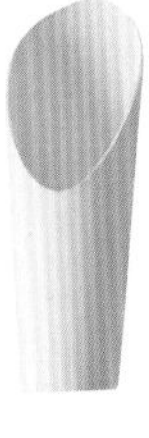

筒形土入れ

● ジョウロ　●ティッシュペーパー

［植え替えの手順］

1

草花用培養土と赤玉土（小粒）を1：1の割合でよく混ぜておく。

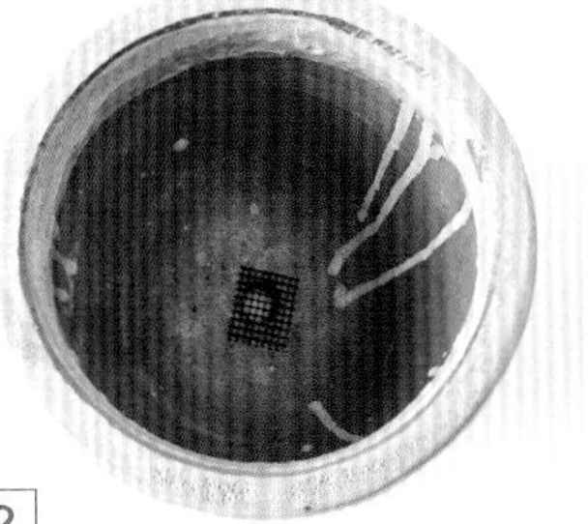

2

鉢穴の上に、適当な大きさに切った鉢底網を敷く。

3

鉢底石を入れる際は、割りばしで鉢底網を押さえるとずれない。

4

根鉢が回っている場合は、鉢の縁を叩くなどして根をゆるめる。

5

根鉢を抜いたところ。だいぶ根が回っている状態。

6

この状態のまま植え替えると、根の間に新しい土が入らない。

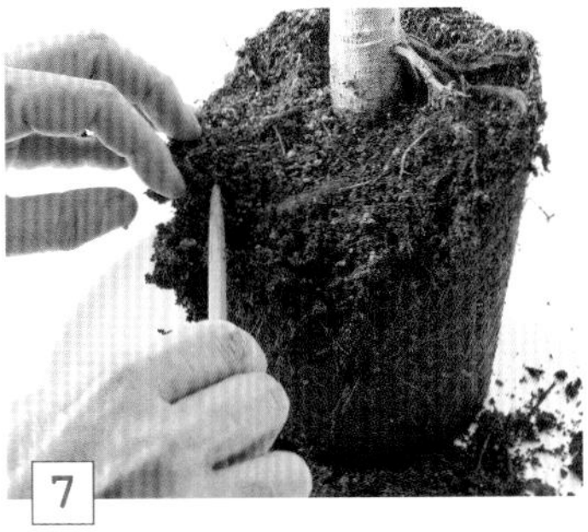

7

まず、割りばしで肩の部分の土を崩す。根を傷つけないように注意を。

8

土の表面には老廃物がたまっているので、肩と表面の土を5mm～1cm落とす。

9

鉢底に触れていた部分から割りばしを挿し、放射状にやさしくほぐす。

10

太い根を傷めないよう気をつけながら、根を軽くほどく。

11

側面は、巻き込んでいる根をゆるめ、根をけば立たせるようにする。

12

このくらい根がゆるんだら大丈夫。

13

仮置きして、傾き加減や向きを決める。

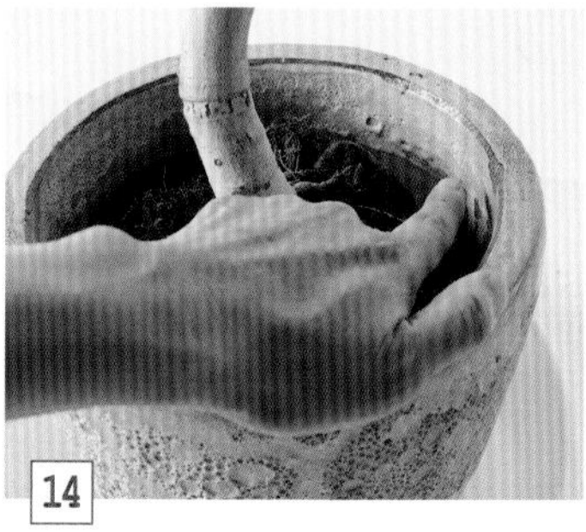

14

ウォータースペース分として、縁から1〜2cmを想定。

15

14から逆算して、土をどこまで入れるかを決める。

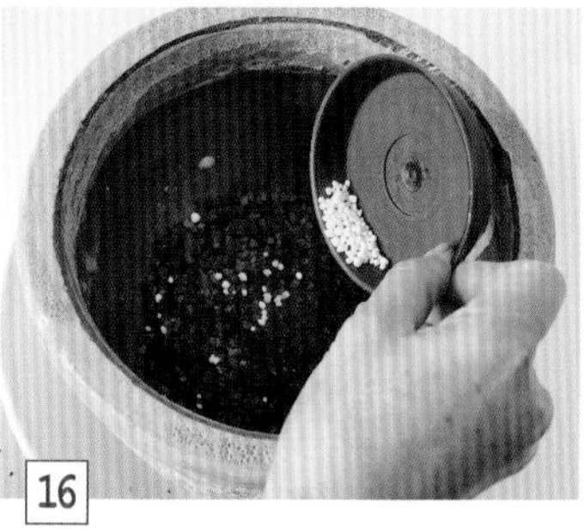

16

元肥を適量入れる。根が少し成長した先に元肥があるのがベスト。

17

軽く混ぜて、元肥を土になじませる。表面に固まらないように注意を。

18

フィカスを土の上に置き、まわりに土を入れる。

19

ウォータースペースを確認しながら土を入れていく。

20

割りばしで土をつき、少し揺らすと、隙間に土が入っていく。

21

空気をよく通す富士砂を土の表面に敷いてマルチングに。

22

活力剤のメネデールを規定の割合で希釈する。

23

底から流れ出るまで、たっぷりと活力剤入りの水を与える。

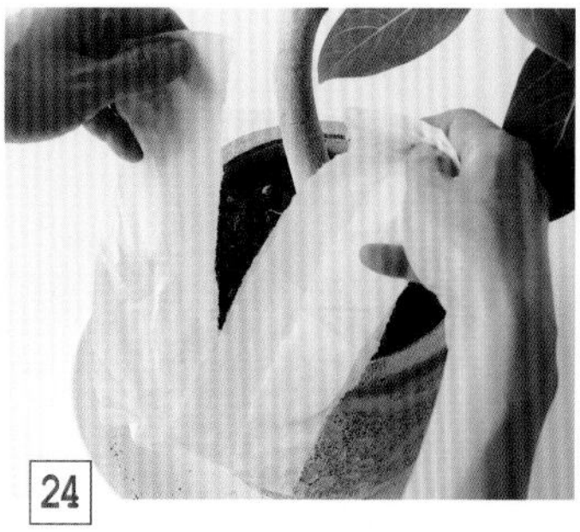

24

ここからは樹形を整える作業。まずティッシュペーパーを裂いておく。

枝や葉が密集しすぎている場合は、根元から切る。迷ったら手で隠してみて判断。

白いゴム樹液が鉢や洋服に付着しないよう、切ったところにティッシュを貼る。

樹液が止まるまで、こうして貼ったままにしておく。

同じ箇所から葉が出すぎていたり、内側に向かって生えている芽を整理。

28で指さしている小さな葉を取り除いたところ。

フィカス・ベンガレンシスの白い幹の色に合わせて、白さを際立たせる白系の鉢を選んでいます。釉薬をかけて焼き、それを少し削った半つやのある鉢の肌が、フィカスのマットな葉と調和しています。

11 株分けをする

株分けして株を更新

大きく成長した宿根草の株をいくつかに分ける作業を「株分け」といいます。株が大きくなりすぎると、密生して風通しが悪くなることも。株分けをすると1株が小さくなり、間が透いて成長がよくなります。いわば株全体を更新する働きがあるのです。また、分割することで植物を増やせるというメリットもあります。

多肉植物は水はけよく

このページでは株分けの例として、子株が生じて増えたアロエを取りあげています。多肉植物やサボテン類は、一般の観葉植物よりさらに水はけのよい土を好みます。そのため、草花用培養土と赤玉土（小粒）を1：1で混ぜたものに、1割程度軽石（小粒）を混ぜたものを用土として使用しています。写真のアロエの場合は株分けをせず、ひとまわり大きな鉢にそっくり植え替える「鉢増し」でもかまいません。

［用意するもの］

鉢

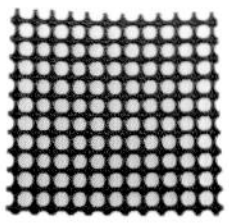

鉢底網

用土

草花用
培養土

赤玉土
（小粒）

軽石
（小粒）

※鉢底石、化粧石としても使用。

［株分けをする多肉植物］

アロエ・ラウヒー

道具

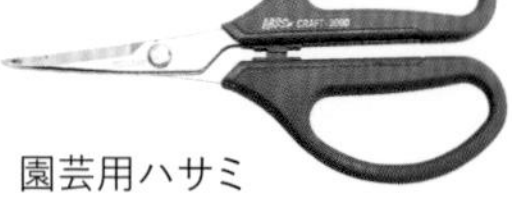

園芸用ハサミ

筒形土入れ

割りばし
竹串

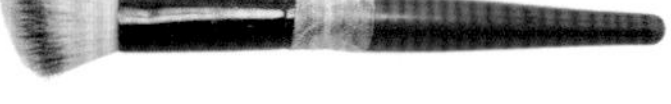

刷毛
（写真は化粧用の刷毛）

● ジョウロ

［注意］多肉植物の植え替えをする際は、根を傷めないよう、最低でも1週間前から水やりをやめて水を切っておきます。

[株分けの手順]

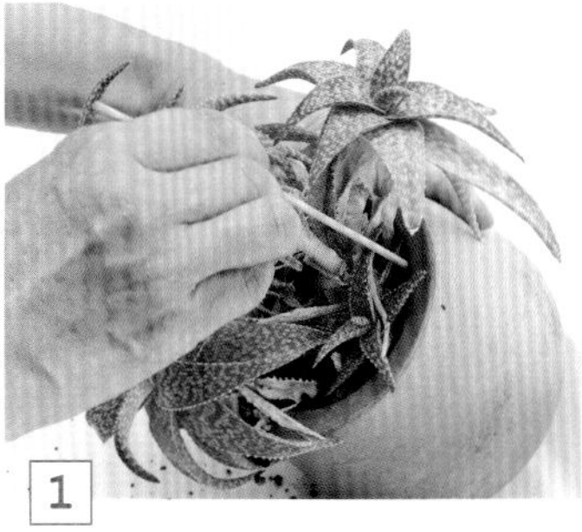

1 根が回っているので、竹串を縁に挿し、鉢と根鉢の間に隙間をつくる。

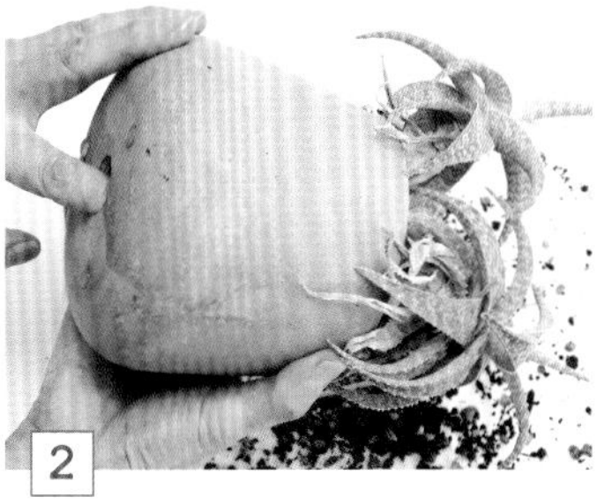

2 鉢を横に向け、鉢底穴に指を入れて押して株を抜く。

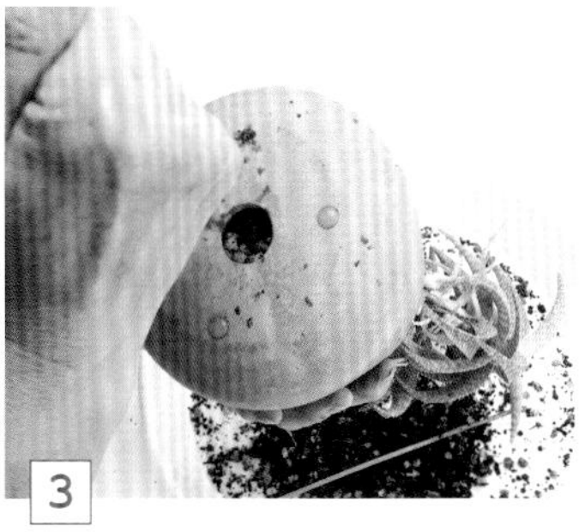

3 抜けない場合は底を叩くなどして振動を与えて根鉢をゆるめる。

4 根鉢を抜き取ったところ。

5 まだあまり根が張っていない子株が1つ、ポロっと落ちた状態。

6 枯れた葉は手でむしって取り除く。

7 枯れ葉を取り除いた状態。

8 手で取れない場合はハサミを使う。腐った根も、ハサミで切っておく。

9 株が3つ連なっているので、手で分ける。

10 無理やり引っ張るのではなく、ゆっくり、そっと分けていく。

11 株分けする際は、なるべく根を切らないように。

12 4つに株分けをし、古い土をざっと落としたところ。

13 鉢穴に鉢底網をかぶせる。

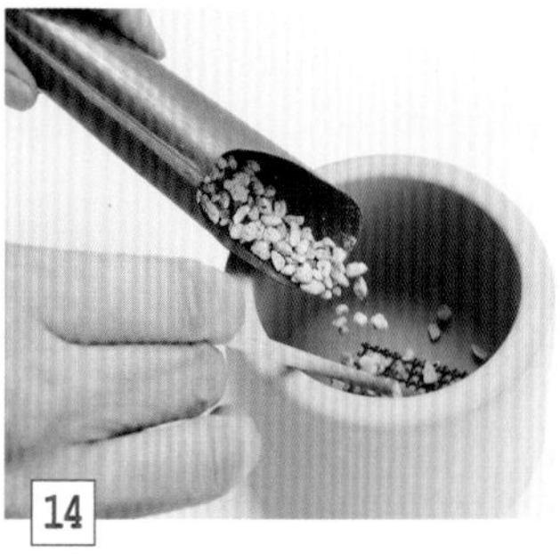

14 割りばしで鉢底網を押さえながら、鉢底石（軽石）を深さ1㎝くらい入れる。

15 鉢底石として軽石を入れ終えたところ。

16 株分けした株のうち2つを選び、仮置きしてみる。

17 草花用培養土と赤玉土を1：1で混ぜ、約1割の量の軽石を加えよく混ぜる。

18 茎が長くなっているので、やや深植えする前提で、土を適量入れる。

19 2株を土の上に配置。

20 向きや傾き方を考えて、バランスよく配置する。

21 まわりに土を入れる。細めの筒形土入れだと、土を入れやすい。

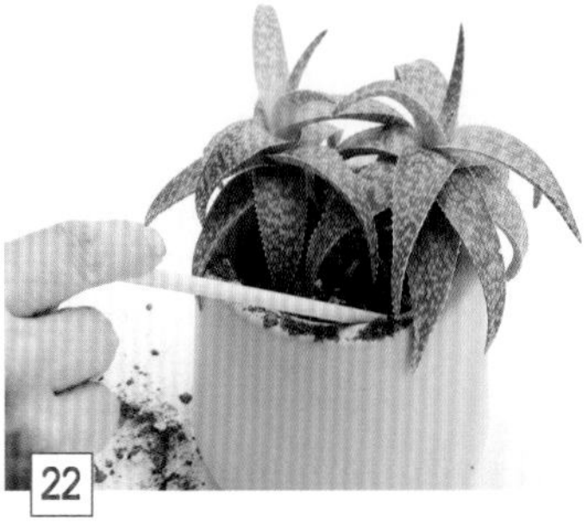

22 割りばしなどで土をつき、土中の隙間をなくす。突きすぎて根を切らないよう注意。

23 土が沈んだ分、足す。

24 鉢の縁の汚れは刷毛などで取り除く。写真で使っているのは化粧用の刷毛。

25

葉についた土も、丁寧にそっと落とす。

26

化粧石として軽石を表面に敷く。

27

化粧石に隙間がある場合は、割りばしなどで隙間を埋める。

28

底から流れ出るまでたっぷりと水をやる。

完了

元の鉢と同じサイズの鉢に植え替え。株の数が半分になり、見た目もすっきりし、風通しもよくなりました。

多肉植物は群生も魅力

多肉植物は、子株でどんどん増えていく性質のものもあります。鉢にぎゅうぎゅうになったら株分けをする方法もありますが、ひとまわり大きな鉢に植え替える「鉢増し」もおすすめです。

子株で増えていく多肉植物は、自然界では群生して広がっていきます。たくさんの株が集まっている様子も、その植物本来の姿なのです。鉢増しをして群生させることで、そんなダイナミックな生命力を味わうのも一興では？

ハオルチア
十二の巻

サンスベリア

12 樹形を整える

剪定で樹形のバランスを

木の剪定には大きく、「樹形を整えて樹勢のバランスをとる」「風通しをよくして害虫を発生しにくくする」という2つの目的があります。生育が旺盛な木は、放っておくとどんどん伸びて、背丈も高くなりすぎる場合があります。適度に剪定して、樹高や樹形を整えましょう。

枝透きは、混み合った枝を減らす作業です。よく茂る木の場合、枝透きをすると風通しがよくなり、蒸れを防げます。木の健康を保つためにも、ぜひやってほしい作業です。

切り戻しで枝数を増やす

枝数を増やしたい場合は、切り戻しをします。植物にもよりますが、葉のついた節の先で剪定すると、その節から新芽が出ます。複数の新芽が出ると、結果的に枝が増えます。切り戻しは冬を避け、生育期に行うと、新芽の展開がスムーズです。

混み合った枝を透かす

細長い葉が枝垂れるように育つのが特徴のフィカス・ビンネンディキ。上の写真のように、枝が混み合うとシルエットも乱れ、風通しが悪くなります。内側に向かって生えている枝や力のない枝などを切り取り、全体を透くと、すっきりした樹形に。

〔例〕フィカス・ビンネンディキ

切り口にティッシュを当てる

フィカス類は切り口から白い樹液が出るので、しばらくティッシュペーパーを当て、固まったら外します。

力のない枝や交差枝を切る

細くて弱々しい枝や、内側に向いて伸び、ほかの枝と交差している枝をつけ根から切ります。

枯れ枝を切る

枯れた枝は、枝のつけ根から切り取ります。

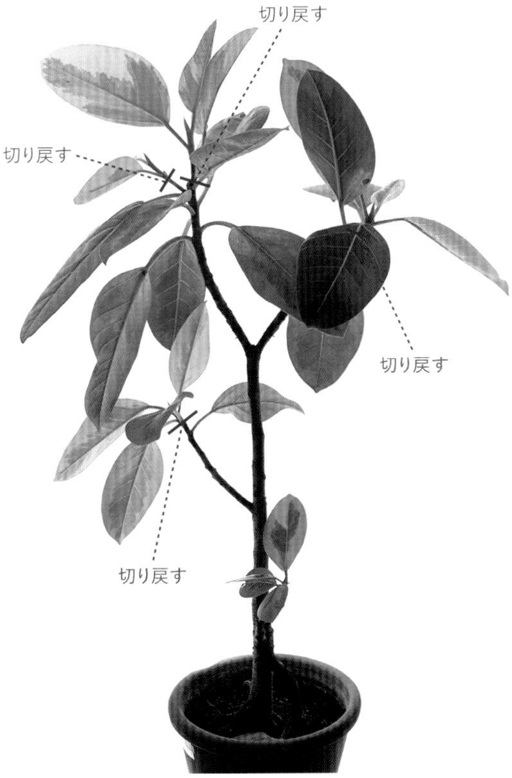

切り戻して枝数を増やす

左の写真のフィカス・アルテシマは、このまま育ててもかまいませんが、枝数を増やしたいなら切り戻す方法もあります。赤い線は、切り戻す位置の一例です。分枝した枝の下のほうの葉を1枚か2枚を残して切ると、切ったところから新しい芽が出てきます。芽が複数出てくると、その分、枝が増えます。目安として、全体の葉の3分の1を残すように。成長点が残っていると、そこにだけエネルギーが集まり、切り戻した枝先にエネルギーが行き渡らないので注意を。また切り戻し後は葉の量が減っているので、水のやりすぎに注意しましょう。

〔例〕フィカス・アルテシマ バリエガータ

剪定バサミ

剪定や切り戻しには剪定バサミを使います。刃が小さいほうの「受け刃」が下になるように持ちます。

切り戻すと新しい芽が出る

上の例とは別のフィカス・アルテシマを切り戻した後の様子です。
それぞれ切った場所とその下から、新しい芽や葉が出ています。
新芽が出始めてから、水やり時に
規定より薄めの液体肥料を与えて様子を見ましょう。

この枝は、このまま育てると、もともと1本だった枝から3本に分岐することになりそうです。3芽とも伸びる向き（青矢印）が違いますが、すべての芽を育てると株全体の美しさを損ねる場合もあります。また、ほかの枝から出た内側に向いている枝とクロスするように育つと、風通しも悪く、日当たりも悪くなります。もう少し枝が伸びたら、どうするか方針を決めましょう。

この枝も、たくさん分枝しています。もう少し育ててみて、いらない枝は間引く、またはさらに分岐を促すように成長点を切り戻すなど、樹形を想像しながら手入れしていきます。

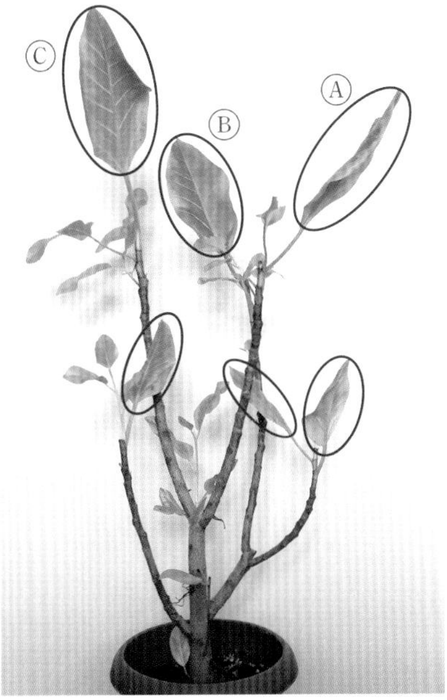

赤丸で囲んだのは、切り戻す際に残した葉です。1枝につき1枚から2枚残してあります。

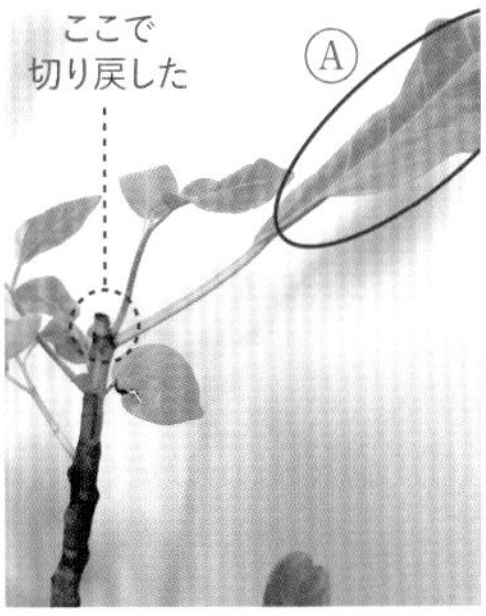

上の写真の赤丸Ⓐが、元々あった葉です。切り戻したところの近く、元々の葉のつけ根から新しい葉が出て展開しています。切り戻しをした葉の下にも、新しい葉が出ています。

13 ビカクシダを仕立て直す

水苔を新しくする

ここ数年、ビカクシダの人気が高まっています。ただ「新しい葉が出ない」「アンバランスな形になってしまった」など、悩んでいる方も少なくないようです。

置き場所や水やりなど管理に問題がない場合、そうした症状の原因のひとつとして考えられるのが、購入時に貯水葉の内側に入っていた水苔の劣化です。水苔の寿命は2〜3年といわれています。そのため、水苔を取り換え、肥料を入れると症状が改善する場合もあります。

新しいコルクにつけ直す

下の例は、もともとついていたコルクが割れてしまったビカクシダです。片方に寄って育ち、姿がアンバランスになっています。コルクを取り換えるのを機に水苔も新しくし、真ん中がふっくらと高くなるよう全体を仕立て直しました。

横から見たところ

［仕立て直すビカクシダ］

［用意するもの］

水苔
（水に戻してゴミなどは取り除いておく）

元肥

ポリエステルの糸

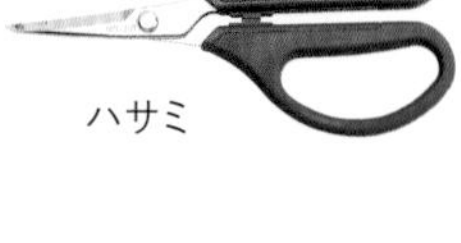
ハサミ

● ジョウロ

コルク

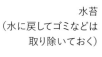

［ 仕立て直しの手順 ］

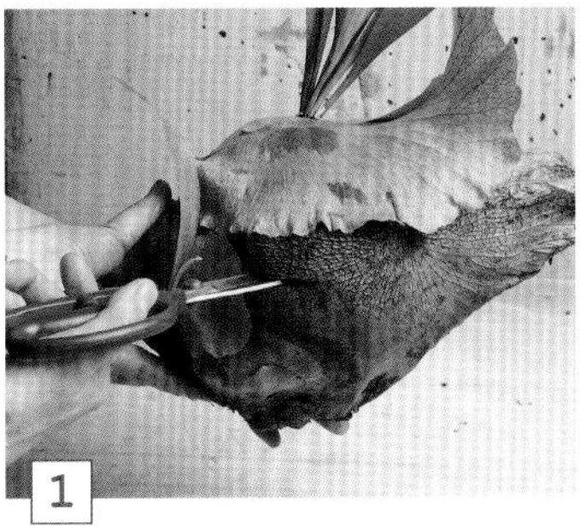

1

古いコルクから切り取り、茶色くなった枯れた貯水葉に切り目を入れる。

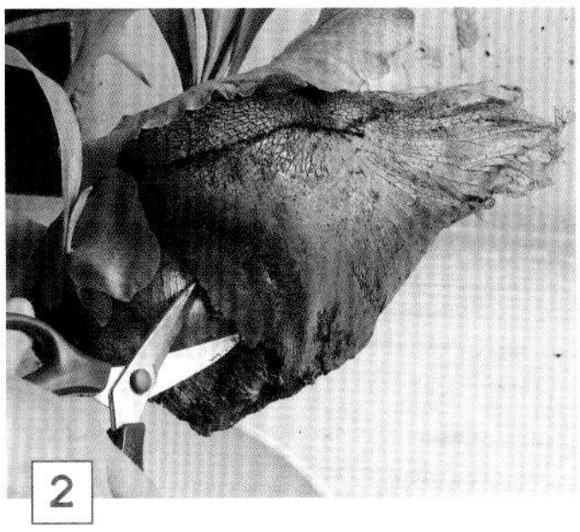

2

枯れた貯水葉を剥がしやすいよう、縦と横にハサミで切り目を入れる。

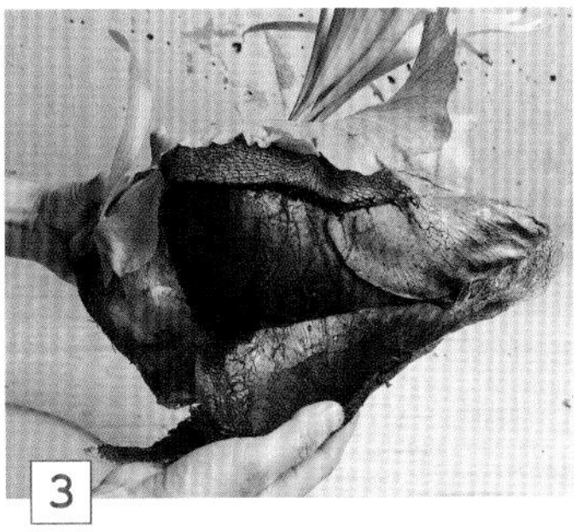

3

切り目に沿って、一番上の貯水葉を剥ぐ。

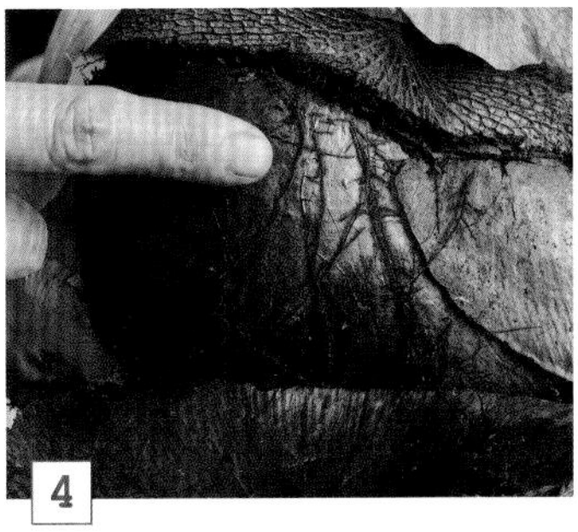

4

めくると中に細かい根が張り巡っている。

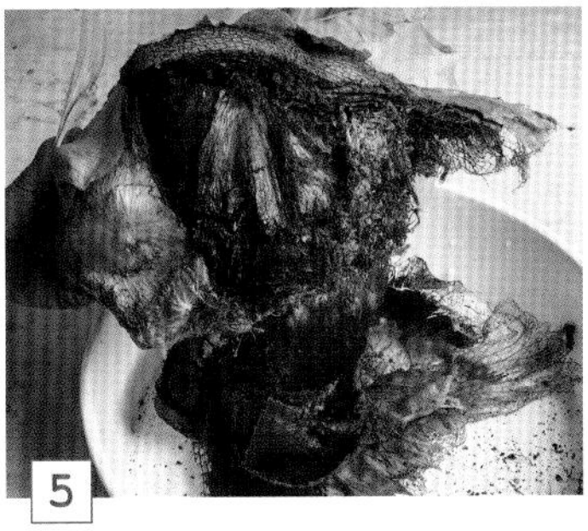

5

枯れた葉を取り除くと、中はこんなふうに枯れた葉が重なっている。

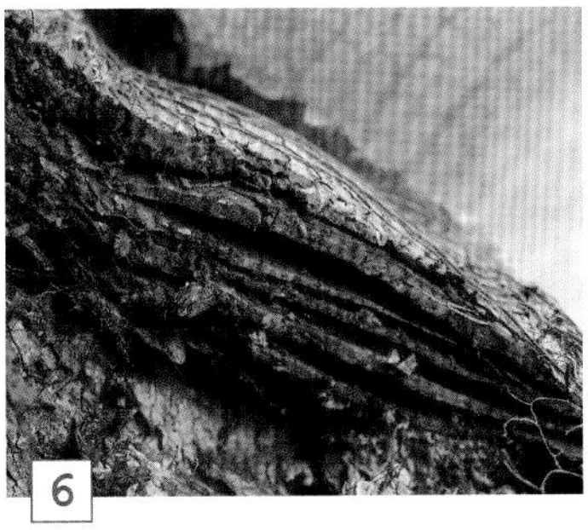

6

断面を見ると、このような層になっている。

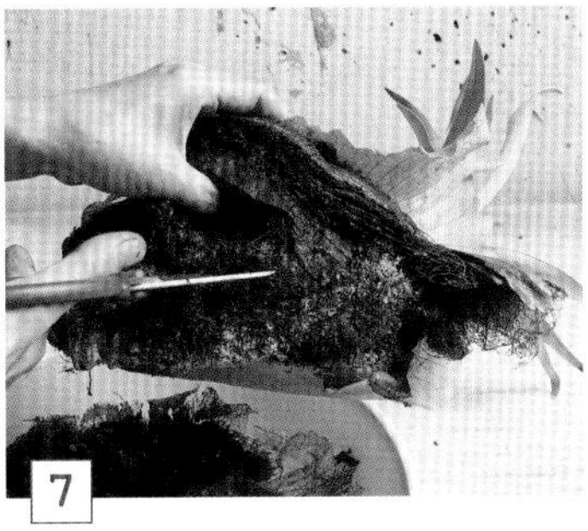

7

ハサミを使って古いコルクを切り取る。

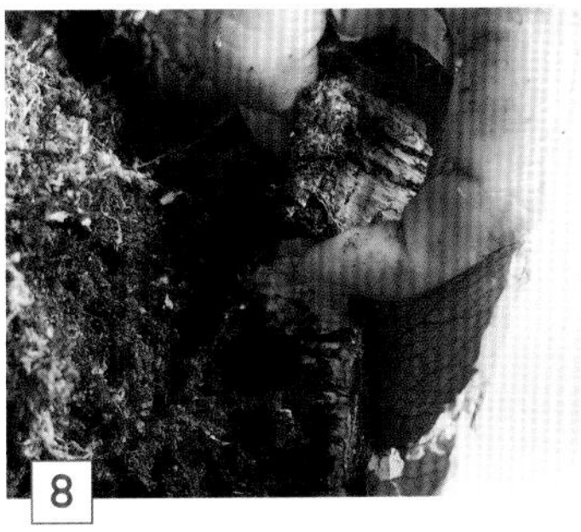

8

枯れて腐った葉や腐ったコルク片などを取り除く。

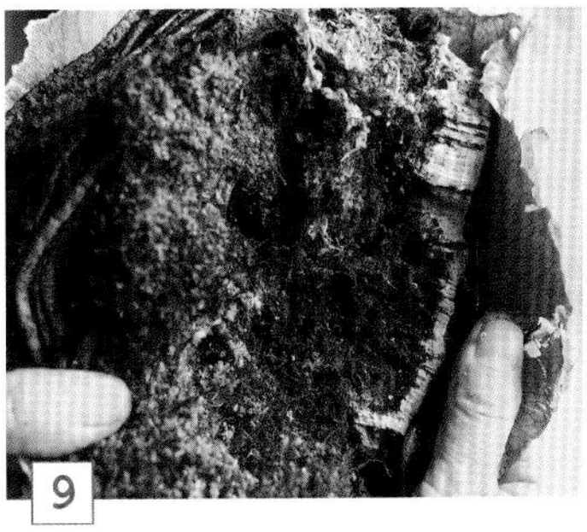

9

古い水苔も取り除く。

10

外側の枯れた葉も切り取る。

11

中と外を掃除し終わったところ。

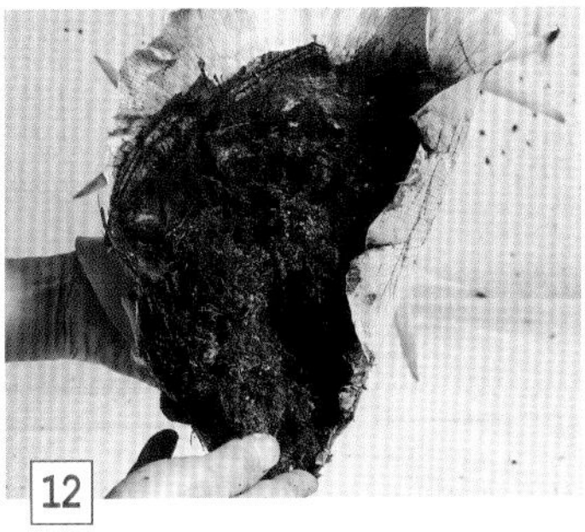

12

古い水苔をすべて取り除き、腐った葉を切り取った状態。

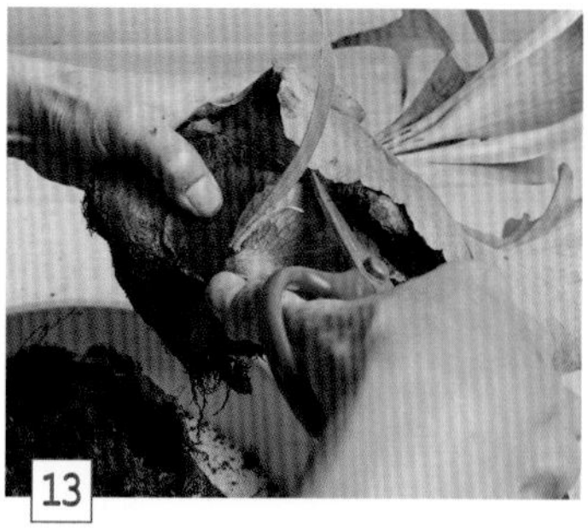

13
小さな株は、切り取って分ける。

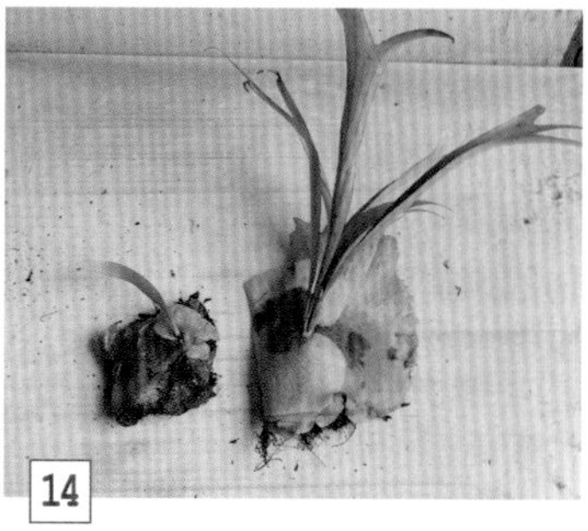

14
大小、2つの株に分解。

15
新しいコルクに大きいほうの株を置いてみて、どんな形にしたいか考える。

16
真ん中をふっくらさせるため、水に戻した水苔をコルクに盛る。

17
水苔にパラパラと元肥を施す。

18
真ん中をふっくらさせるには、このくらいの角度でビカクシダをつけるとよい。

19
横から見ると、このくらいの角度。

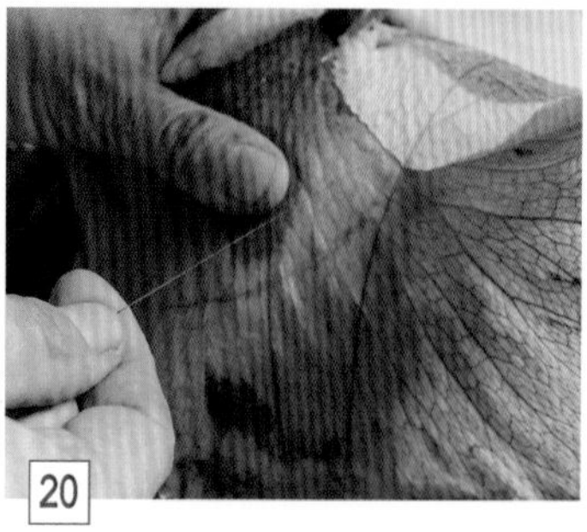

20
貯水葉の上からポリエステルの糸を巻きつけていく。

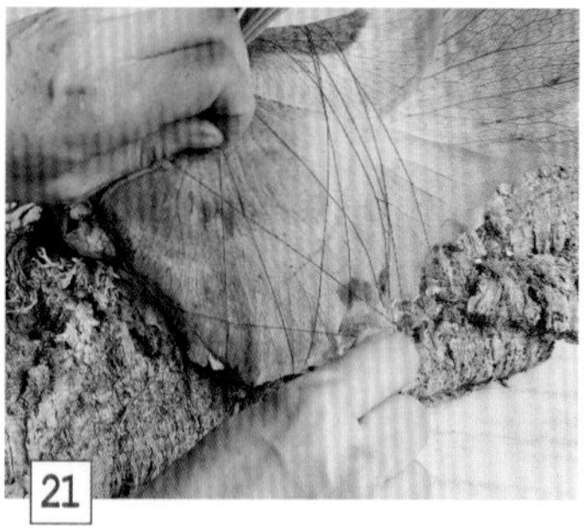

21
水やりをすると重くなるので、コルクから落ちないよう、ぐるぐるとしっかり巻く。

22
ポリエステルの糸を巻き終えたところ。

23
茶色くなっている傷んだ胞子葉はつけ根から切る。

24
立てかけて水苔の部分にたっぷりと水やりをする。

小さな葉はポットで養生

今回、仕立て直しの際に切り分けた株はまだ小さいので、一時的にポットで成育させたほうがよさそうです。しばらくそのまま育てて、根が育ってから、どう仕立てるかを考えましょう。

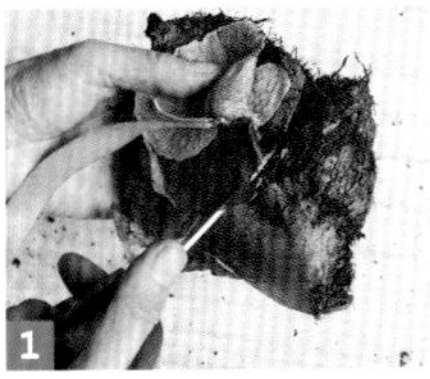

まわりの枯れた貯水葉は適度に切り取っておく。

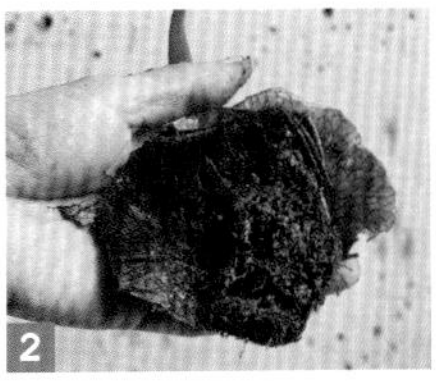

裏側はこんな感じになっている。

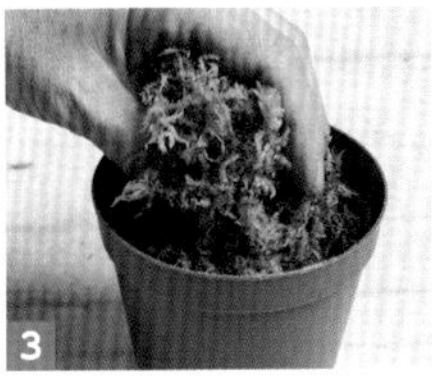

プラ鉢へ水に戻した水苔を、山盛り入れる。

貯水葉を水苔にかぶせる。

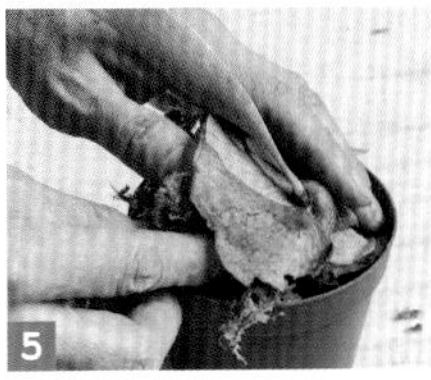

葉裏にしっかり水苔が触れるようにする。

完了

仕立て直し後の管理

根が減っている分、長時間強い光に当てすぎて根を乾燥させすぎないよう注意しましょう。冬以外の季節で、屋外で養生する場合は、午前中の光を当て午後は半日陰になる場所に置きましょう。水やりは、水苔が乾く前にたっぷりと。仕立て直してしばらくすると、根が新しいコルクの中に入り込みます。

14 飾り方のアイデア

コツを知ると空間が変わる

観葉植物はいわば「いのちのあるインテリア」。部屋に飾る際、ちょっとしたコツやアイデアを取り入れると、ぐんと空間が洗練されます。下の3点の写真はそのコツを説明したものですが、鉢の選び方やハンギングのプラントハンガーにも注目を。また最近はグリーンを飾ることに特化したインテリア小物もあるので、活用してみてください。

枝ぶりを生かす

思わぬ枝ぶりに育った木は、個性をより強調する飾り方をすると、印象が強くなります。写真の例では、シェフレラ・アンガスティフォリアの枝垂れた樹形を生かすため、棚の上に置いています。

高低差をつける

グリーンを飾る際、高低差をつけると、リズムが生まれます。写真はハンギングの例ですが、床や棚に置く場合も同じ。下の写真のように鉢載せ台を利用して高低差をつくることもできます。品種名はp40参照。

隣り合う植物の葉形や葉色にメリハリを

大きな葉の植物の隣りは、小さい葉のもの。面を強調する葉の隣は、線のもの。濃い葉色の隣は淡いものなど、隣り合う植物の葉形や葉色に変化をつけると、印象的な風景をつくることができます。品種名はp31参照。

専用の小物を使って壁に飾る

グリーンのために特化したインテリアの小物などを使うと、
個性的でおしゃれな飾り方が可能です。上はプラスチックのプランターを隠せるボックス、
下はグリーンを絵のように楽しめる額縁です。

専用プランターにエスキナンサス‘モナリザ’、ホヤ・カルノーサを植え込む。

横に細長い窓の縁に専用のウォールボックスを置き、プランターを収納。

窓の下に、グリーンのスペースができあがり。［wall box/PIANTA×STANZA］

壁に下枠を取り付ける。

数種類の植物を植えたプランターを設置。

木製の額を取り付けると、グリーンが壁に掛けた絵のようになる。
［my gallery/PIANTA×STANZA］

Paludarium

ガラスの器の中に自然の姿を再現するパルダリウム。
造形作品をつくるような楽しさもあります。

13 なるべく垂直になるようにし、ピンセットで根元をはさむ。

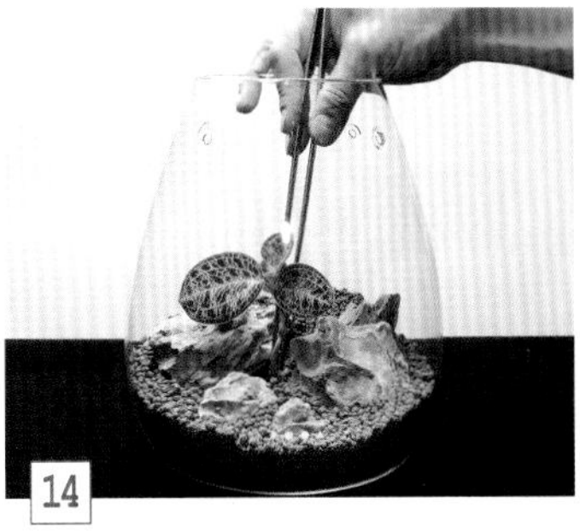

14 垂直にすっと挿すようにしてジュエルオーキッドを植える。

15 刷毛で土を寄せて、表面を整える。

16 水200mℓを入れる。石の上にかかるように、少しずつ入れるのがコツ。

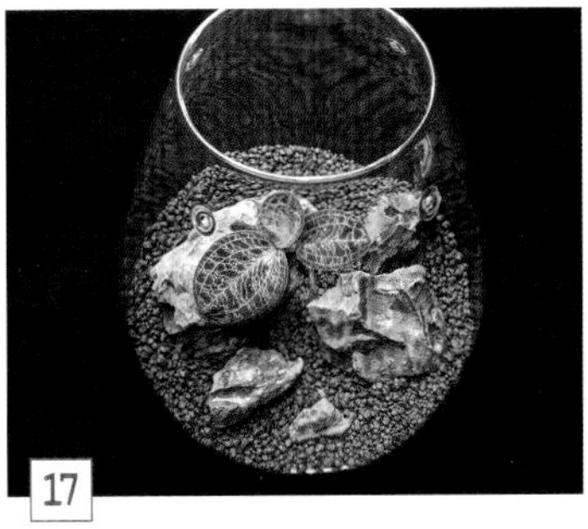

17 上から見たところ。石の間にジュエルオーキッドが植えられている。

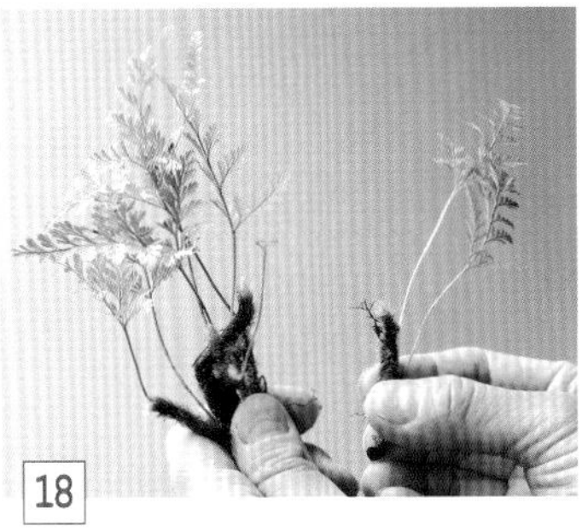

18 ダバリアは手で株分けをしておく。

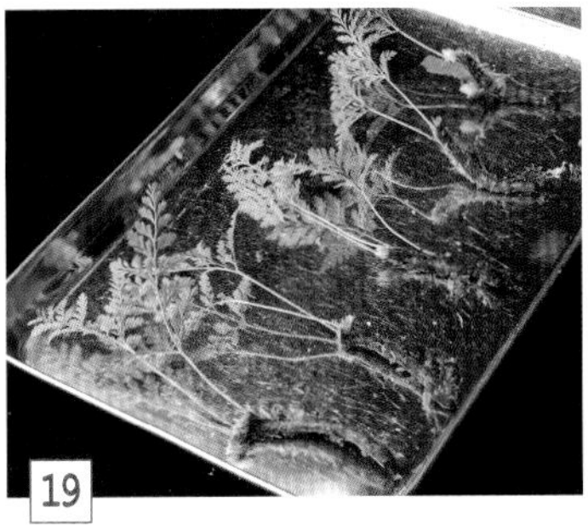

19 株分けがすんだ状態。それぞれ形が違うので、どれをどこに使うか考える。

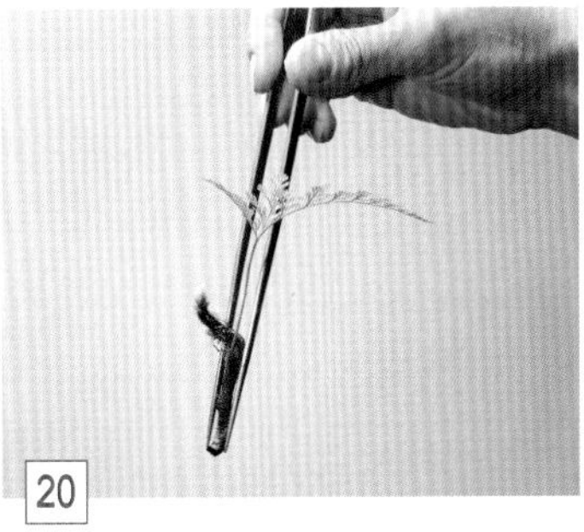

20 ピンセットを垂直に使い、根の部分をはさむ。

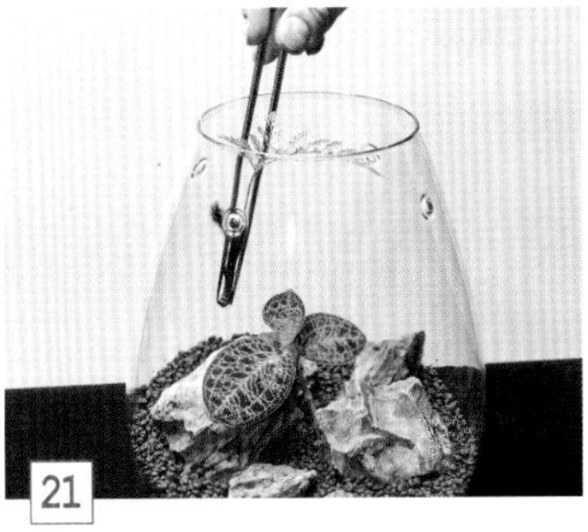

21 高さのあるダバリアを背景になるよう植える。

22 ダバリアを数カ所に植える。植える際は1回でしっかり挿し込むように。

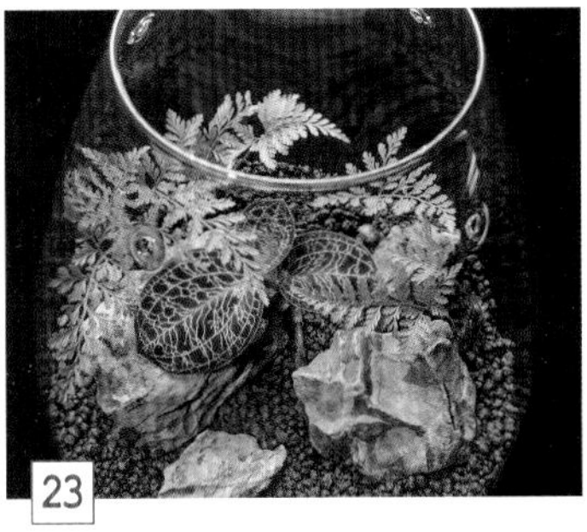

23 ダバリアをすべて植え終わったところ。

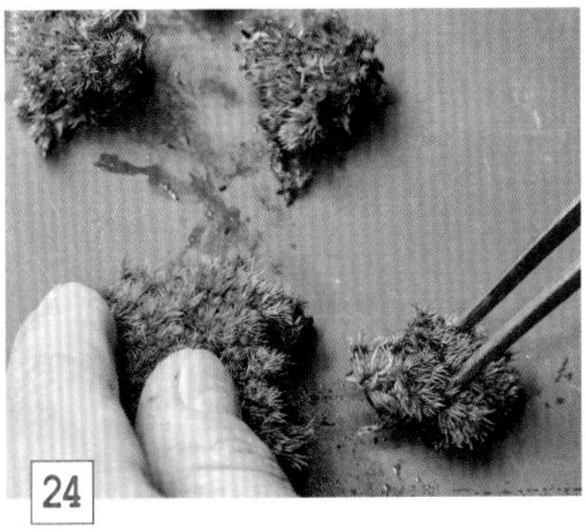

24 ヤマゴケは適当な大きさに分けておく。

25

水生ゴケは裏の寒天培地を外す。

26

ピンセットで適度な大きさに分ける。

27

このくらい小さくしたほうがよい。

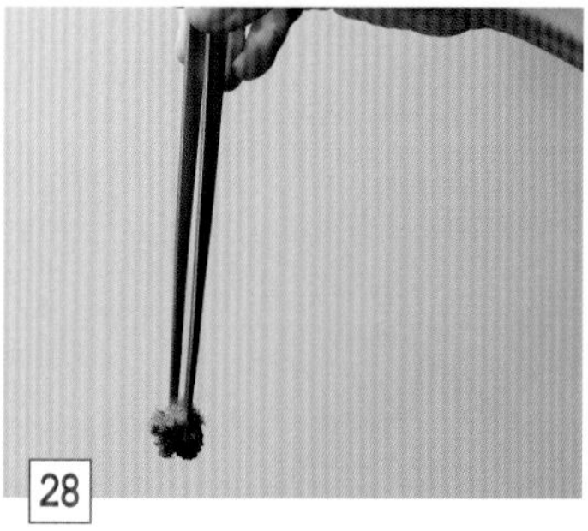

28

苔を植える際は、上からつまむようにしてはさむ。

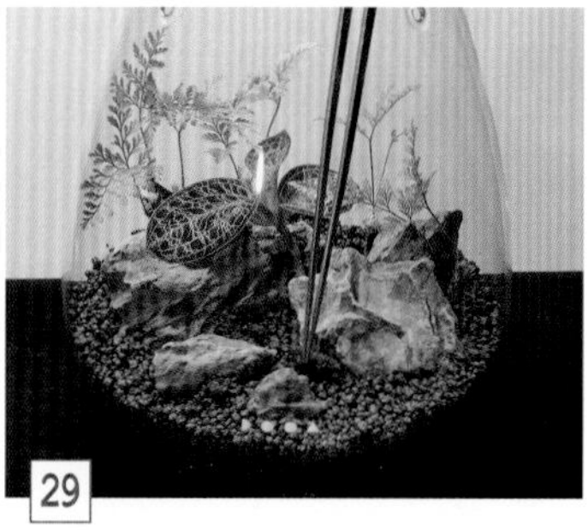

29

岩陰にヤマゴケと水生ゴケを植える。混ぜたほうがナチュラルになる。

30

ヤマゴケはぐっと挿し込み、深く植える。水生ゴケは土の上に置くだけでよい。

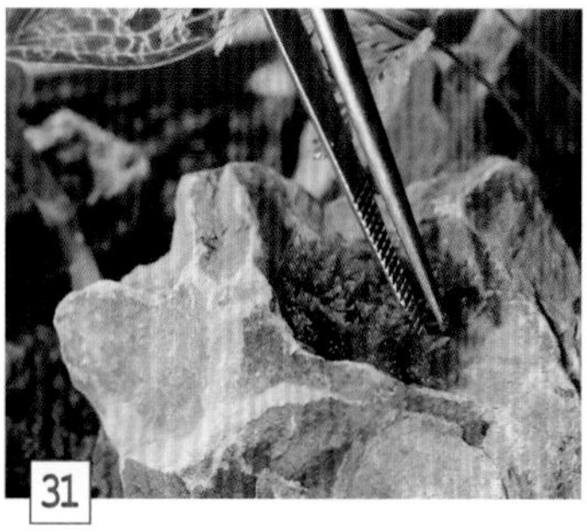

31

水生ゴケを岩の窪みに置く。

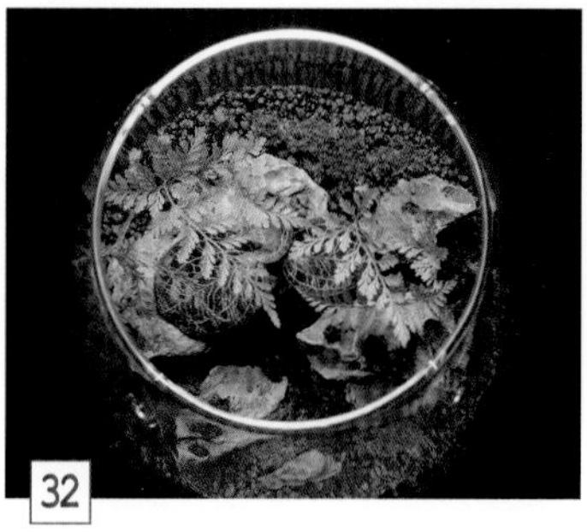

32

苔を植え終わったところ。伸びた時ガラスに当たるので、縁近くは植えない。

33

フィカス・プミラはピンセットで適度の長さに切る。

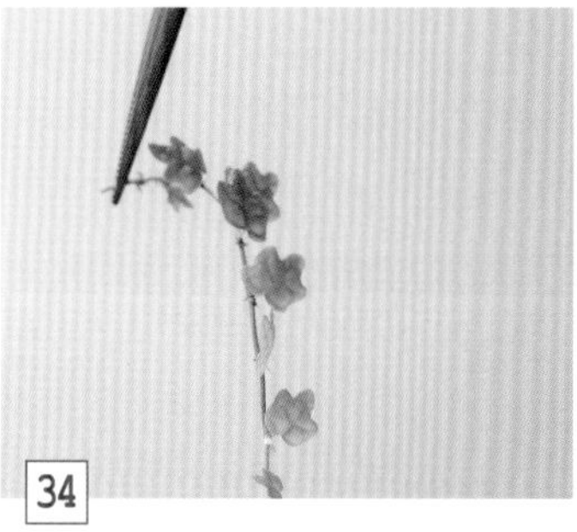

34

切り口近くをこのようにピンセットではさむ。

35

切り口を土に埋め、つるが石を這うように配置。

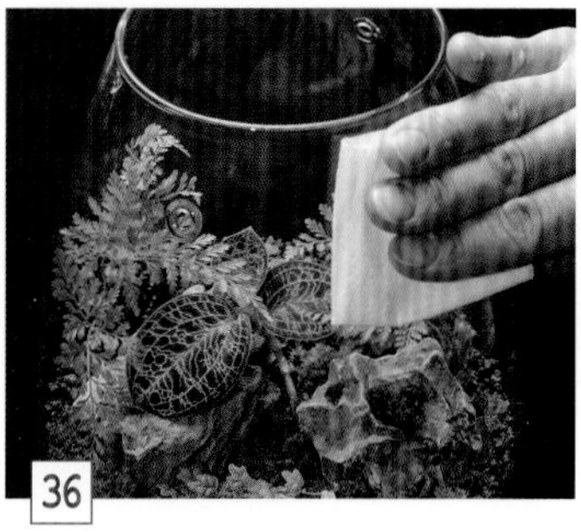

36

ガラス容器の外側と内側を拭いて水跡や汚れを落とす。

できあがり

石を岩に見立てて、立体的な風景のできあがり。たった5種の植物ですが、葉の模様が美しいジュエルオーキッドと、繊細な葉のダバリア、苔、プミラなどの対比が美しく、ダイナミックな自然を思わせる風景です。

パルダリウムのメンテナンス

トリミング

伸びすぎた植物はカットしましょう。枯れた古葉やカビがついた葉などもカットして取り除きます。

光

窓からの光だと、植物は光の方向に曲がって伸びていきます。できればLEDライトで、真上から光を当てるように。

換気

容器内が水滴で曇った場合は、曇りが取れるまでフタを開けて空気を入れ替えましょう。空気の入れ替えは、カビの予防にもなります。

水やり

週に2～3回、ハンドスプレーで水やりを。とくに乾いている部分があれば、水差しなどで直接水を含ませたほうが、霧吹きよりガラス面が汚れません。

パルダリウムに向く植物

パルダリウムに向くのは、サイズが小型で、熱帯雨林の林床や沼のほとりに育つ植物です。
葉面が美しい植物や、空中湿度を好む植物を取り入れましょう。

ジュエルオーキッド

ジュエルオーキッドとは、葉の美しさを観賞するランのこと。葉はビロード状で、葉脈がキラキラ輝くものもあります。暗い森の中でも宝石のように光ることからこの名で呼ばれます。

熱帯、亜熱帯の植物

いわゆる観葉植物のなかには、パルダリウムに向いているものがたくさんあります。葉が美しい小型品種を選びましょう。

アルディシア

ネオレゲリア・プンクタティッシマ

シダの仲間

シダ類は空中湿度を好みます。乾燥しがちな部屋でも、湿度を保てるパルダリウムに植えるときれいに育ちます。

ブレクナム・ギッバム

ベゴニアの仲間

葉の模様が美しい小型のベゴニアがパルダリウムに向いています。花を楽しめる場合もあります。

着生ラン

自然界では樹木や岩に着生。根の形状も面白いので、流木を使ったパルダリウムにも向いています。

食虫植物

葉の形状の面白さから人気のある食虫植物。フタを開けていると、もしかしたら虫をつかまえるかも。

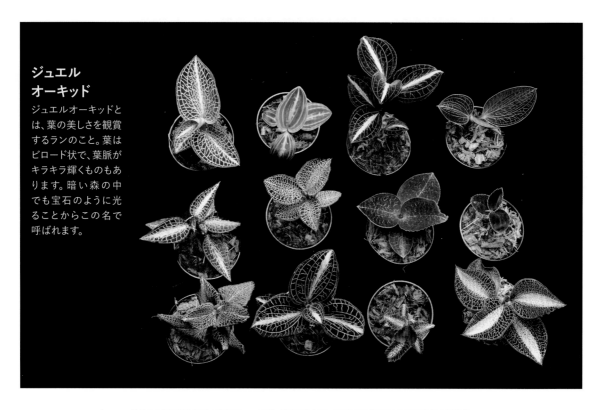

こんなとき、どうする？

あなたの疑問にお答えします

グリーンを育てるうえで、よく聞くお悩みや疑問をご紹介。
回答を参考に、お悩みの解決法を見つけてください。

Q ビカクシダをもっと群生させたいのですが、どのようにしたらよいでしょう。

A 水苔の入れ替えをしましょう。

まず、古くなった水苔を取り替えましょう。その際、小さな貯水葉の裏にも水苔を入れると、全体の形状がふっくらします。また、水苔に元肥を入れると、新しい葉が出やすくなります。こうやって仕立て直し続けると、やがて葉がたくさん出てくるはずです。

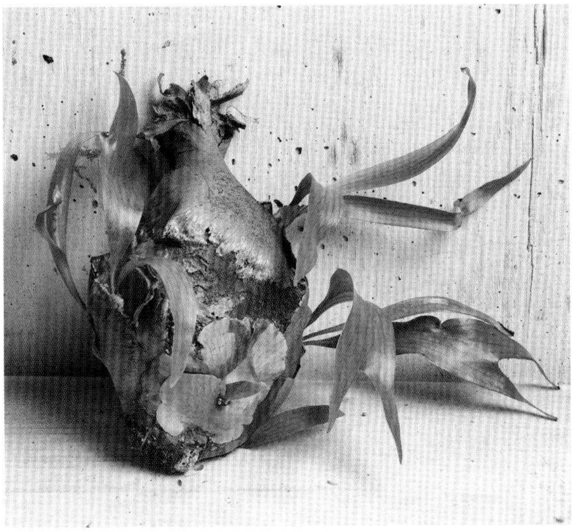

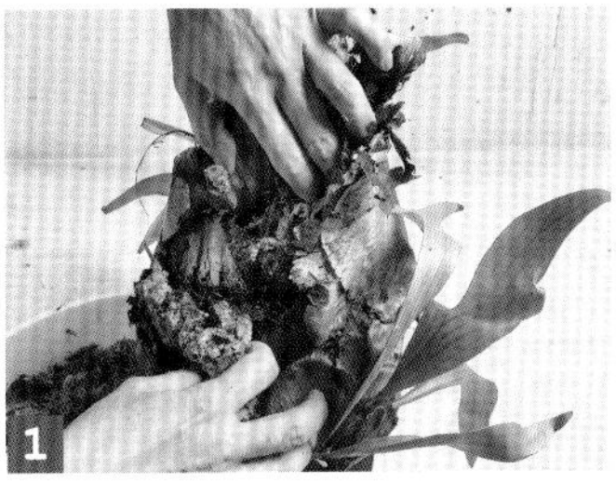

葉を広げて、水苔が古くなっているようなら取り除く。

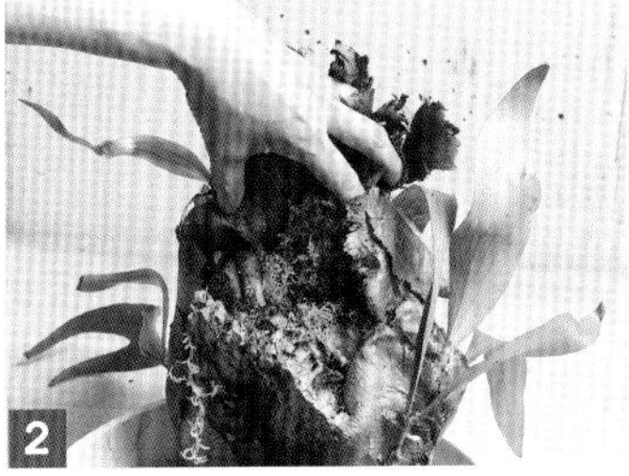

写真の場所は、もともと水苔が入ってなかった部分。

空洞部分に、水に戻した水苔を入れる。

全体がふっくらするよう全体に水苔を入れ、元肥も施す。

小さな貯水葉の裏にも次々と水苔を入れ、元肥を施す。

小さな貯水葉の裏に、このくらいしっかり水苔を入れると全体がふっくらする。

Q フィカスの幹の片側だけ枯れてしまいました。どうすればよいでしょうか。

A まずは5つのチェックポイントを確認しましょう。

木の片側だけが枯れてしまうと、「片方からだけ光が当たっていたから」と判断する方も多いでしょう。でも原因はそれだけとは限りません。この例以外にも「木がなんとなく元気がない」「枝がひょろひょろしている」「葉がよく落ちる」などの症状が出た際は、まずは次の項目をチェックしてみましょう。

1 病害虫がないか

病害虫が見られた場合は、駆除、殺菌すると元気に戻ることがあります。

2 植え替えをしていない

何年か植えっぱなしで土の力がなくなっていると、このような状態になることも。適宜、植え替えをしましょう。

3 置き場所の見直し

日当たりと風通しは十分か、p52を参考に置き場所を確認します。

4 水やり頻度

水やりの頻度が多すぎても、逆に水切れになっても植物は弱ります。適正に水やりができているかチェックを（p54参照）。鉢皿に水がたまっている状態も厳禁です。

5 肥料が足りているか

月に一度程度、液体肥料を規定の希釈より薄く、水やり時に与えるのが原則です。

ここまでで問題点があれば改善し、問題がなければ必要に応じて切り戻しをしましょう。切り戻しは生育期に行うようにしたほうが、新葉の展開がスムーズです（p66参照）。

Q

購入したばかりの
フィカス・ウンベラータの葉が
茶色くなってきました。
どうしたらよいでしょうか。

A

環境に慣れるまで気長に待ちましょう。

生産者は温室で温度や湿度の管理を行い、その植物に最適な環境で育てています。急に環境が変わると、葉が茶色くなるなどの症状が出ることも。そのうち新しい環境に順応して元気になり、新しい葉が出てきます。傷んだ葉は自然に落ちるまでそのままにし、無理に取らないように。

Q

パンダガジュマルの枝から
新芽が出てきました。
全部育ててもよいのでしょうか。

A

育っていった時の形を想像して決めましょう。

並行な枝の部分に、同じ箇所から3本の芽が出ており、それぞれ向きが違います。全部育てると栄養が分散しますが、それが必ずしも問題というわけではありません。伸びた時の樹形を想像し、全部育てるか、1本ないし2本芽をかき取るか決めましょう。もう少し伸びてから決めるので大丈夫です。

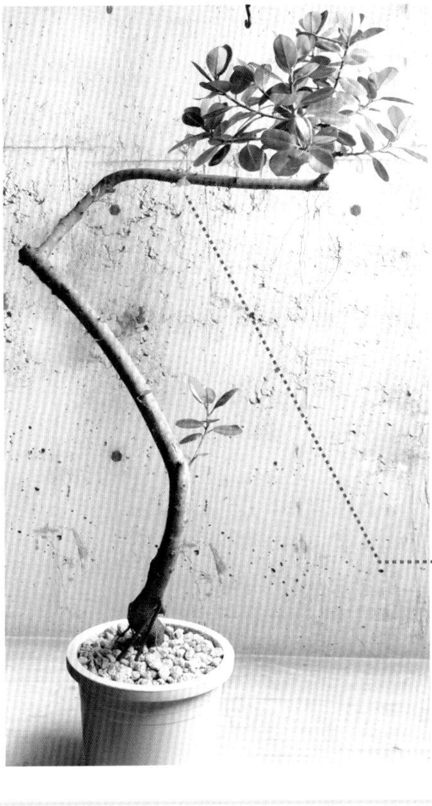

Q 土の表面に白いものが出てきたのですが……。

A カビなので取り除きましょう。

おそらくカビなので、白い部分を取り除きましょう。土が常に湿っていたり風通しが悪いと、カビの原因になります。水やり頻度や置き場所を見直しましょう。また、カビを取り除いても菌がまわりに残っている可能性があるので、引き続き観察を。

Q 葉がベタベタしています。どうしたらよいでしょうか。

A カイガラムシを疑いましょう。

カイガラムシの排泄物のせいで、葉がベタベタしている可能性があります。カイガラムシを見つけたら、取り除いて殺虫剤をスプレーしましょう。日当たり・風通しが悪いと発生しやすいので、置き場所の見直しを。

Q 株全体がひょろひょろ伸びてしまいました。

A 光不足の可能性があります。

葉や茎の色が薄くなったり、茎や枝がひょろひょろ伸びて間延びし、弱々しい感じになるのは、光が不足した時に起こる「徒《と》長《ちょう》」という現象の可能性があります。もう少し明るい場所に移しましょう。ただ、一気に直射日光に当てるのはNGです。

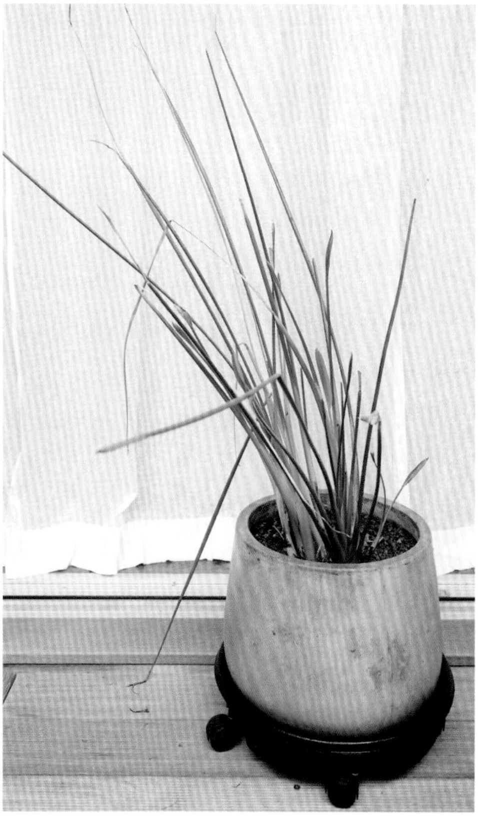

Q ストレリチアの葉先が茶色くなってきました。何が原因でしょうか。

A 水分過多、根詰まりの可能性があります。

ストレリチアに限らず宿根草の葉が黄色や茶色になる原因として、次の4点が考えられます。

①**水のやりすぎ。**
②**逆に水切れを起こしている。**
③**根詰まり。**
④**肥料が足りない。**

土がいつもじめじめしているようなら水やり頻度を減らすように。鉢底から根が出ていたり土が水を吸わない場合は、根詰まりなので植え替えをしましょう。

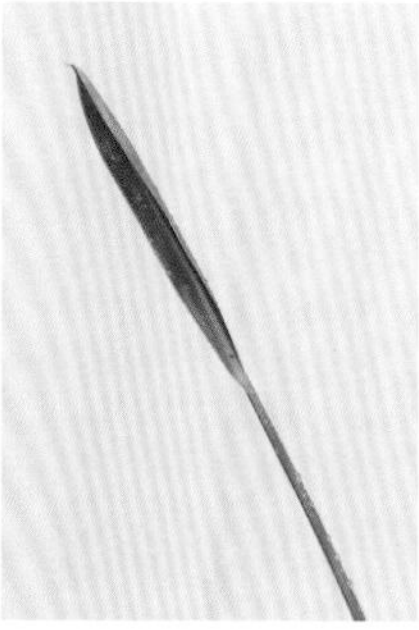

新しく出てきた芽

Part 3

［図鑑］

育てやすく人気のグリーン

お気に入りのグリーンと出会える図鑑。
育てやすく、比較的入手しやすい
人気の品種を集めました。

図鑑の見方

図鑑には科名や属名、その植物の特徴、管理のポイントなど、育てるうえで参考になる情報が記載されています。以下、図鑑の見方を説明しますので、ご一読ください。

カテゴリー紹介のページ

❶カテゴリーの名称
科名や属名、楽しみ方など、共通した特徴を持つ植物を集めてカテゴリーに分けています。

❷カテゴリー共通の特徴
そのカテゴリーに属する植物に共通する特徴や、性質、植物のプロフィールなど。

❸カテゴリーに共通する基本的な管理方法など

❹栽培カレンダー
季節による作業や、生育の様子などをおおまかに示したカレンダーです。栽培カレンダーを入れていないカテゴリーもあります。

図鑑ページ

❶植物名 その植物の一般的な名前。別名は、（　）内に記してあります。ひとつの植物につき、和名、学名、流通名が混在しているため、店や本によって名前が異なることがあります。

❷学名 学名は属名+種小名が基本。*Ficus elastica* ‘Burgundy’のように品種名が加えられることもあります。また、園芸品種のなかには種小名が不明のものもあります。

❸科名・属名 属名でまとめているカテゴリーの植物は、この項を省略しています。

❹品種の特性

❺育て方のポイント 育てる際の注意点や、健康に育てるためのアドバイス。カテゴリー紹介ページに書かれている基本的な管理方法以外の、個別のポイントなど。

❻原産地 その植物が自然の状態で、もともと生育していた場所。

❼樹高・草丈など 室内で育てる場合、どのくらい育つかおおよその目安。樹高に関しては、自生地の自然環境の下では樹高が10ｍくらいになる樹木もありますが、屋内での適正樹高の目安を示しています。ただし育て方によって、樹高や草丈は変わってきます。

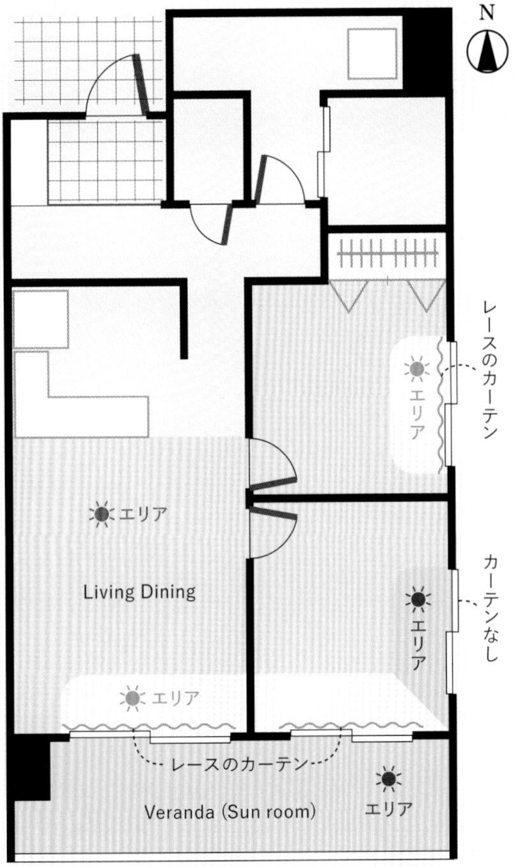

アイコンの見方

［置き場所］

日向	窓越しに、日中日光が当たる場所。ただし、なかには夏の直射日光が当たると葉焼けする植物もあるので、その点は注意しましょう。
半日向	レースのカーテン越し程度の光が当たる場所や、窓から近く、夏の直射日光は当たらない場所。
半日陰	窓から離れた場所。照明なしで文字が読める程度の明るさ。

※上記の「日向」「半日向」「半日陰」と左の図面を照合し、参考にしてください。日向～半日陰でどこでも育てられる植物は、日向～半日向が適所の植物の場合は、半日向～半日陰で育てられる場合はと表示してあります。

［耐寒性］

寒さに強め	耐寒温度はおおむね5℃。5℃を下回るの場所では枯れる恐れがあります。
中程度	耐寒温度は5～10℃
寒さに弱い	耐寒温度は10～15℃

本文や図鑑ページに出てくる用語

貯水葉・胞子葉（ちょすいよう・ほうしよう）

ビカクシダなどに見られる葉の分業システムで、貯水葉は根元を隠すように生え、水をため込む役割とともに樹木につく役割があります。胞子葉は中央部分から垂れ下がったり上に伸びる葉で、胞子をつくる働きがあります。

仏炎苞（ぶつえんほう）

サトイモ科の苞は、仏像の光背にある火焔のような形をしていることから、この名で呼ばれます。ちなみに花弁のように見えるのが苞で、葉が変形したもの。仏炎苞の中にある棒状の花序は、肉穂花序《にくすいかじょ》と呼ばれ、小花が集まっています。

斑入り（ふいり）

葉や花などに、本来の色とは異なる斑が入ること。葉の場合は、白や淡い黄色、黄緑色、ピンク、赤などの斑が入ることを、斑入り葉といいます。

覆輪（ふくりん）

花や葉の縁に、縁取りのように違う色が入ること。

モンスト（monstrosus）

本来「点」であるはずの成長点が連なり、茎が帯状や扇状になる「綴化《てっか》」や、通常は成長点が発生しない場所に多数の成長点が発生する「石化《せきか》」などの現象をさします。サボテンや多肉植物に起こりやすく、形状の面白さから観賞価値があるとされ、高値で流通するものもあります。

着生植物（ちゃくせいしょくぶつ）

土に根を下ろさず、他の木や岩盤などに根を張って生活する植物のことで、シダ植物、ラン科、サトイモ科の植物などに多くみられます。根から水を吸い上げられないため、雨が多い地域や霧がよく出る地域に多く、ビカクシダは着生シダの代表格。

徒長（とちょう）

植物の茎や枝が間延びし、ひょろひょろと長く伸びる現象。日照不足が主な原因ですが、水や肥料の与えすぎでも起こることがあります。

フィカスの仲間

クワ科フィカス属

フィカス類は熱帯から温帯に広く分布し、800種類以上あります。以前日本では、「ゴムの木」という名前で呼ばれていました。葉の大きさや葉形などバリエーションが豊富で、存在感のある品種が多く、インテリアの要として活躍します。また耐陰性も比較的高く、熱帯の植物のわりには乾燥にも強いので、育てやすいのも特徴です。ちなみに「フィカス属」は、日本語に訳すると「イチジク属」。自然界ではフィカスの実は、野生動物の大事な食料となっています。

栽培カレンダー

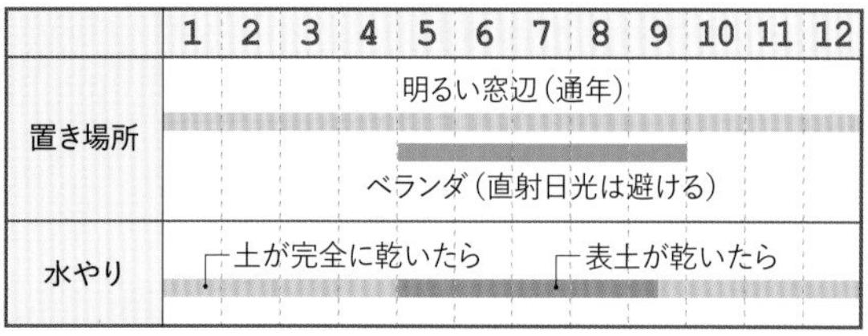

管理の基本：多少耐陰性は高いですが、基本的には日光を好むので、なるべく風通しのよい明るい場所で育てましょう。新芽が出にくい場合は、日向に移すように。ただし、葉焼けするので夏の直射日光は避けましょう。土が乾いた頃に、鉢底穴から流れ出るまでたっぷりと水やりします。冬は水やりの頻度を控えます。

原産地：熱帯アジア
樹高：0.5～2.5m

フィカス・アルテシマ バリエガータ

Ficus altissima 'Variegata'

多く流通しているのは、葉色がツートンのバリエガータです。フィカスのなかでは丈夫で育てやすいので、観葉植物初心者の方にもおすすめです。

●育て方のポイント 光合成が活発だと斑の濃淡がはっきりするので、光不足にならないようにしましょう。葉色の移り変わりも楽しみのひとつです。

フィカス・ウンベラータ

Ficus umbellata

ハート形の大きな葉が人気。光をたくさん取り込むように、葉を大きく広げて成長します。

●育て方のポイント 秋から冬にかけて室内が乾燥しがちな時は、ときどき霧吹きなどで葉水を与えると効果的です。

原産地：熱帯アフリカ
樹高：1～3m

フィカス 'ルビー'

Ficus elastica 'Ruby'

原産地:インド
樹高:0.8〜2m

新葉がピンクに染まり、斑入りの葉がより鮮やかに映える印象的な品種。どこから眺めても楽しめます。
●**育て方のポイント** 日がよく当たるところで育てると、ピンク色が保てます。

フィカス 'ティネケ'

Ficus elastica 'Decora Tineke'

葉を囲むようにクリーム色の斑が入り、その隙間から赤い新葉が覗く美しい品種。
●**育て方のポイント** なるべく明るい窓辺で育てると、新葉が濃く色づきます。乾燥にも強めで、フィカス属のなかでも水やりの頻度は少なめですみます。

原産地:インド〜マレーシア
樹高:0.8〜2m

フィカス 'バーガンディ'

Ficus elastica 'Burgundy'

大きくつややかで黒に近い深緑色の葉と、葉裏のバーガンディカラー、赤味を帯びた新芽のコントラストが魅力。シックで気品のある色合いが人気です。
●**育て方のポイント** 耐陰性はありますが、光が不足すると葉色が褪せて緑色が薄くなるので注意を。

原産地:インド
樹高:0.8〜2m

原産地：南アフリカ
樹高：0.8〜2m

フィカス 'アフリカンプリンス'

Ficus sp. 'African Prince'

大きい葉はゆるやかにドレープがかかり、ミドルグリーンのやさしい印象です。フィカスのなかでも比較的珍しい品種。

●**育て方のポイント** 比較的耐陰性はありますが、明るい場所のほうが葉色がきれいになります。

原産地：インド、スリランカなど
樹高：0.5〜2.5m

フィカス・ベンガレンシス

Ficus benghalensis

白い幹肌と鮮やかなグリーンの葉のコントラストのバランスがよく、どんな部屋にもなじみやすい人気のグリーン。育てやすく、丈夫です。

●**育て方のポイント** 暖かく明るい場所を好みます。厳寒期の最低気温には気をつけるように。

ベンジャミン

Ficus benjamina

丈夫で刈り込みにも強く、枝を細工しやすいので色々な形に仕立てることができます。

●育て方のポイント よく茂るので、混み合った枝を透くと、蒸れにくくなり害虫対策にもなります。

原産地：インド、スリランカなど
樹高：0.3〜2.5 m

フィカス・ビンネンディキ（別名：フィカス・バーテリー、ショウナンゴム）

Ficus binnendijkii

通常のフィカス（ゴムの木）より葉が細長く、枝垂れ姿の美しい樹形が魅力です。

●育て方のポイント 乾燥が苦手なので、ときどき霧吹きやシャワーなどで葉水を与えましょう。

原産地：熱帯アジア、ポリネシア、東南アジア熱帯雨林
樹高：1〜3m

ベンジャミン ‘ゴールデンプリンセス’

Ficus benjamina ‘Golden Princess’

葉の縁に斑が入るタイプのベンジャミン。やさしい雰囲気が特徴です。

●育て方のポイント 斑入り葉は光合成のための葉緑素が少ないので、なるべく明るい場所で管理しましょう。

原産地：インド、スリランカなど
樹高：0.3〜2m

フィカス・リラータ
(別名:カシワバゴムノキ)

Ficus lyrata

シワのある重なった葉が上向きに生えているのが特徴。大葉の品種で、ダイナミックな葉が特徴です。
●育て方のポイント 葉が大きい分ホコリもつきやすいので、ときどきシャワーで流すことをおすすめします。

原産地:熱帯アフリカなど
樹高:1〜3m

フィカス・ペティオラリス

Ficus petiolaris

やわらかい葉はハート形で、赤味がかった葉脈が入ります。
●育て方のポイント 寒さに弱く、冬季には落葉することがあります。冬は水やりを控えます。

原産地:メキシコ西部、
カリフォルニア
樹高:0.8〜2m

フィカス・リラータ‘バンビーノ’

Ficus lyrata ‘Bambino’

リラータのやや小型タイプ。枝が横に広がりにくいので、省スペースで観葉植物を楽しみたい方にもおすすめです。

●育て方のポイント p93のフィカス・リラータに準じます。

原産地：熱帯アフリカなど
樹高：1～2m

原産地：オーストラリア東南部
樹高：1～2.5m

フィカス・ルビギノーサ（別名：フランスゴムノキ）

Ficus rubiginosa

つややかな小さめの深緑の葉が特徴。樹液は古くから天然ゴムとして利用されてきました。気根が出やすく、やさしい木姿をしています。

●育て方のポイント 暗いところで育てると葉が落ちやすいので、明るい場所で育てます。

パンダガジュマル

Ficus microcarpa 'Panda'

肉厚で丸い葉が茂る姿がパンダを連想させることからこの名で呼ばれています。逞しい幹から、オブジェのように斜めに成長した絵になる魅力的な木姿です。

●育て方のポイント 接ぎ木で樹形をつくることも多く、接ぎ口より下から通常のガジュマルの葉が出てくることもあります。その場合は、つけ根から切り取るように。

原産地:熱帯アメリカ
樹高:0.2〜3m

ガジュマル

Ficus microcarpa

沖縄では自生しており、幸せを呼び込む「多幸の木」と呼ばれて大切に扱われています。太くぷっくりと立ち上がった幹が印象的。写真は接ぎ木株です。

●育て方のポイント よく伸びるので、剪定で好みのサイズにコントロールしましょう。

原産地:熱帯アジア、オーストラリア
樹高:0.2〜2m

シェフレラの仲間

ウコギ科シェフレラ属・ポリシャス属

栽培カレンダー

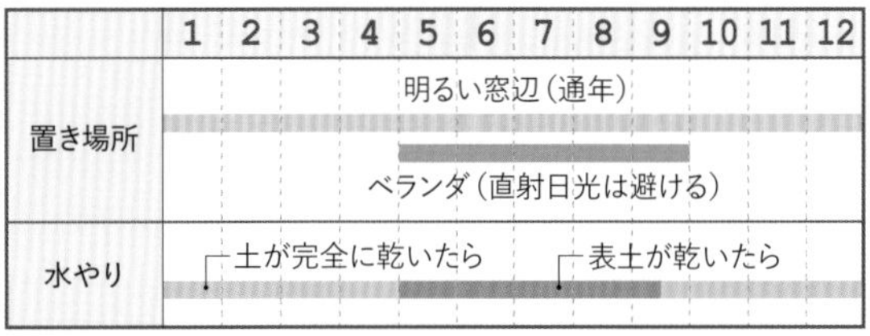

管理の基本：比較的、耐寒性・耐陰性がありますが、日当たりや風通しが悪いと軟弱になり、ハダニがつきやすくなります。なるべく日当たりと風通しのよい場所で育てましょう。よく茂るので、適宜、枝透きや剪定を行うことで、蒸れを防ぎ、ボリュームをコントロールします。空気が乾燥している時は、葉水を与えましょう。

世界の熱帯や亜熱帯に分布。原産地では気根を出して、他の木や石に着生します。斜め上に伸びる性質があり、小さめの葉をたくさん茂らせる品種が多いため、コンパクトな鉢でも生命力が感じられ、存在感があります。葉形にバリエーションがあり、葉に切れ込みが入るさわやかな印象の品種も。仕立て方もさまざまなので、インテリアに合わせて選びやすいのも魅力です。丈夫で枯れにくく、初心者でも安心して育てられます。

シェフレラ・アルボリコラ

Schefflera arboricola

原産地：台湾、中国南部、熱帯アジアなど
樹高：0.8〜1.8m

しなやかな長い葉が美しく、ワイルドさと優雅さを兼ね揃えた品種。一般的にシェフレラというと、この品種をさします。写真はやや葉が小さく、葉が連なるタイプの選抜株です。

シェフレラ・アンガスティフォリア

Schefflera angustifolia

つやのある細長い美しい葉が特徴。白や黄色の斑が入る品種もあります。

原産地：台湾、中国南部、東南アジアなど
樹高：0.3～2m

シェフレラ 黄斑

Schefflera angustifolia variegata

濃いグリーンにクリーム色の斑が入った、カラーリングの美しい品種です。

原産地：台湾、中国南部、熱帯アジアなど
樹高：0.5～1.5 m

シェフレラ・エリプティカ

Schefflera elliptica

幅広の葉に少しドレープが入るのが特徴。

原産地：東南アジアなど　樹高：0.5～2m

シェフレラ マルコ

Schefflera sp.

丸みを帯びた葉形が特徴で、明るいライトグリーンの愛らしい印象の品種。

原産地：東南アジアなど
樹高：0.8〜1.5 m

シェフレラ ‘ムーンドロップ’

Schefflera arboricola ‘Moondrop’

小さな丸い葉が密につき、やわらかなクリーム色の斑がさわやかな印象です。
●育て方のポイント 丸い樹形を長く保つには、伸びた枝を切り戻しながら高さを抑えます。

原産地：熱帯アジアなど
樹高：0.6〜1.5 m

シェフレラ ‘ノヴァ’

Schefflera actinophylla ‘Nova’

シェフレラには珍しく、切れ込みの深い大きな葉が特徴。成長はゆっくりです。

●**育て方のポイント** 一般的なシェフレラに比べると寒さにはやや弱いので、冬は暖かい部屋に置くように。

原産地:熱帯アジアなど
樹高:0.5〜2m

ツピダンサス

Schefflera pueckleri

つややかな緑色で、手のひらのような形の大きな葉が特徴。暑さ寒さにも強く、とても丈夫です。

●**育て方のポイント** 日当たりのよい場所で乾燥気味に管理しますが、空中湿度を好むので、ときどき霧吹きで葉水を与えましょう。

原産地:東南アジア熱帯雨林
樹高:0.5〜3m

シェフレラ・レナータ

Schefflera arboricola ‘Renata’

原産地:熱帯アジアなど
樹高:0.6〜1.5m

葉先に切れ込みが入り金魚の尻尾のような葉形になり、かわいらしい印象のシェフレラです。写真は斑入り品種。

ポリシャス・フルティコーサ

Polyscias fruticosa

細葉が連なる姿がスタイリッシュ。耐陰性があり、日の光が差し込まない室内の中央から奥でも育てることができます。

●育て方のポイント やや湿度を好むので、水やりは鉢底穴から水が出るまでたっぷりと。水切れや蒸れが原因で葉が黄色くなることがあります。葉が茂りすぎたら枝を切り戻し、バランスを整えましょう。

原産地：東南アジア、ポリネシア
樹高：0.5〜2m

控えめな花も魅力

ポリシャス フリスビー

Polyscias balfouriana

円盤状の大きな丸い葉が特徴。葉の縁に黄色い斑が入る品種もあります。育て方はポリシャス・フルティコーサと同じです。

原産地：ニューカレドニア、オーストラリア
樹高：0.5〜2m

栽培カレンダー

	1	2	3	4	5	6	7	8	9	10	11	12
置き場所	明るい窓辺（通年）											
					ベランダ（直射日光は避ける）							
水やり	土が完全に乾いたら				表土が乾いたら					土が完全に乾いたら		

管理の基本：直射日光に当てると葉焼けしたり、葉色が変わることがあります。日向に置く場合はレースのカーテン越しの光を当てるようにし、夏の直射日光は避けましょう。比較的、耐陰性はありますが、日陰に置くと弱ることもあります。また、日陰から急に日向に移すと葉焼けを起こすことがあるので注意を。

ドラセナの仲間

キジカクシ科ドラセナ属・コルジリネ属

ドラセナは繊細でカラフルな葉のものが多く、スッキリしたスマートな幹からシャープな葉が出る樹姿も特徴です。枝がやわらかいことから、くねくね曲げるなどさまざまな仕立て方で生産されます。コルジリネはドラセナと似ていますが、ドラセナと違って多肉質の白い地下茎を持つのが特徴で、葉色も個性的です。どちらも丈夫で育てやすく、葉色や樹姿に個性があり、インテリアと合わせる楽しみが大きい樹木です。

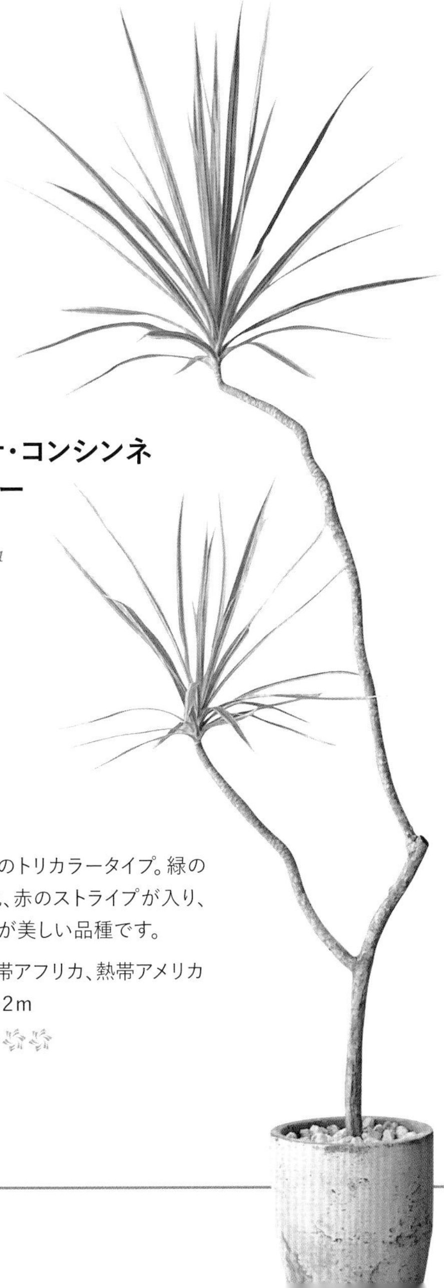

ドラセナ・コンシンネ トリカラー

Dracaena marginata tricolor

コンシンネのトリカラータイプ。緑の葉に黄白色、赤のストライプが入り、3色の調和が美しい品種です。

原産地：熱帯アフリカ、熱帯アメリカ
樹高：0.5～2m

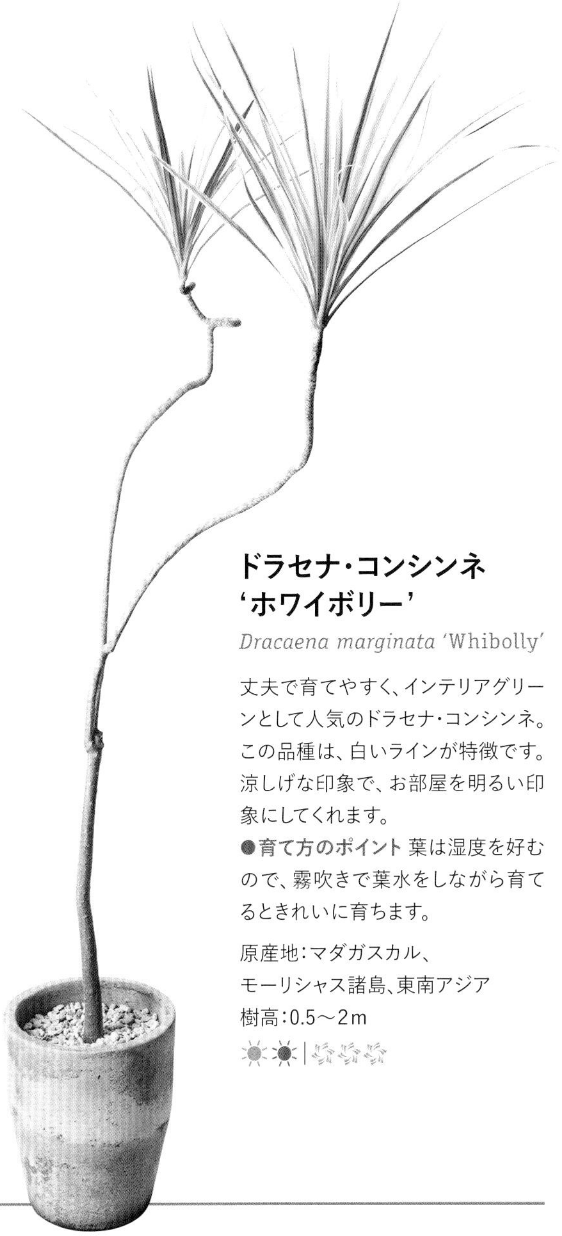

ドラセナ・コンシンネ ‘ホワイボリー’

Dracaena marginata ‘Whibolly’

丈夫で育てやすく、インテリアグリーンとして人気のドラセナ・コンシンネ。この品種は、白いラインが特徴です。涼しげな印象で、お部屋を明るい印象にしてくれます。

●育て方のポイント 葉は湿度を好むので、霧吹きで葉水をしながら育てるときれいに育ちます。

原産地：マダガスカル、モーリシャス諸島、東南アジア
樹高：0.5～2m

ドラセナ・カンボジアーナ

Dracaena cambodiana

原産地：東南アジア、中国南部
樹高：0.5～2m

太い枝から細長い葉がたくさん出て、コンシンネなど他のドラセナとは雰囲気がかなり異なります。
●**育て方のポイント** 葉は湿度を好むので、霧吹きで葉水をしながら育てるときれいに育ちます。

ドラセナ
‘ソングオブジャマイカ’

Dracaena reflexa
‘Song of Jamaica’

原産地：マダガスカル、
モーリシャス諸島、東南アジア
樹高：0.5～2m

ドラセナのなかではやや幅広の葉が特徴で、つややかな葉にはグリーンのストライプが入ります。葉の内側に黄色い模様が入るのが大きな特徴です。
●**育て方のポイント** 乾燥は苦手で、湿気の多い場所を好みます。

ドラセナ
‘コンパクタ’

Dracaena deremensis
‘Compacta’

原産地：熱帯アフリカ、
熱帯アジア
樹高：0.5～1.5m

その名の通り小型の品種で、枝の先から放射状に生える葉と、スタイリッシュな幹が人気です。

原産地：東南アジア、
オーストラリア、
ニュージーランド
樹高：0.3～1.8 m

コルジリネ‘アイチアカ’

Cordyline fruticosa (terminalis) ‘Aichiaka’

新葉が紅赤色で、徐々に濃赤紫色に変化していく美しい葉色が特徴。愛知県で育種・生産された品種であることから、「愛知赤」と呼ばれています。

●育て方のポイント 土は乾燥気味にし、葉水を与えるように。日照不足では葉の色が悪くなるので、明るいところで育てましょう。

コルジリネ・ストリクタ

Cordyline stricta

「青ドラセナ」とも呼ばれ、鮮やかな色の新芽が、成長につれ暗く変色していきます。斑入りの品種もあります。

原産地：東南アジア、
オーストラリア、
ニュージーランド
樹高：1～2m

コルジリネ ‘アトムファイヤー’

Cordyline fruticosa cv.

原産地：東南アジア、
オーストラリア、
ニュージーランド
樹高：0.5～2m

濃い緑色に薄赤色の覆輪が入る品種。シックな葉色が魅力です。

●育て方のポイント 日照不足では葉の色が悪くなるので、明るいところに置くのが美しさを保つポイントです。土は乾燥気味に育てますが、葉は湿度を好むので、霧吹きで葉水をします。他の品種も同様。

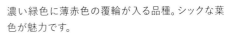

クロトン

トウダイグサ科コディアエウム属

突然変異も多く、さまざまな葉色の品種があります。

管理の基本：窓越しの日当たりを好み、よく日の光を当ててあげるときれいな葉色に育ちます。ただし夏の直射日光は避けます。水が好きな植物なので、水切れには注意を。

クロトン ‘エクセレント’

Codiaeum variegatum var. *pictum* ‘Excellent’

黄、赤、オレンジ、緑色をした葉に葉脈がくっきりと浮き出る姿が印象的。葉が槍の先のような形をしています。

原産地：マレー半島～太平洋諸島

樹高：0.3～0.6 m

クロトン 白葉《はくよう》

Codiaeum variegatum BL. cv. ‘Hakuyoo’

淡いクリーム色が全体に浮き出た、さわやかな印象の品種す。

原産地：マレー半島～太平洋諸島

樹高：0.3～0.6 m

クロトン スクルキー

Codiaeum variegatum ‘Hosokimaki’

明るい黄色で巻き気味の葉が特徴的な種類です。

原産地：マレー半島～太平洋諸島

樹高：0.3～0.6 m

ヤシの仲間

ヤシ科

ヤシ科の植物はいかにも南国風の雰囲気があり、リゾートを連想させるインテリアにうってつけ。育てやすく丈夫で、けっこう耐寒性がある品種もあります。

管理の基本：10℃を下回るようになったら徐々に水やりの回数を減らし、真冬は十分に土が乾いて数日たってから水やりを。

テーブルヤシ

Chamaedorea elegans

ヤシ科カマエドレア属

比較的ゆっくり育つヤシ。日向でよく育ちますが、直射日光のあまり当たらない場所でも育てることができます。

●育て方のポイント 葉色が悪くなるのは光が不足しているサインなので、少し明るい場所に移動します。乾燥する季節には、霧吹きで葉水もあげましょう。

原産地：中南米
樹高：0.2〜1.5m

ビロウヤシ

Livistona Chinensis

ヤシ科ビロウ属

葉の面積が広く、手のひらを大きくしたような葉をしています。葉の先のほうがゆるやかに垂れているのも特徴。ヤシのなかでは耐寒性があり、九州では街路樹に使われています。

●育て方のポイント 耐陰性があるので、窓から離れた室内の明るい場所でも育てられます。真夏の直射日光には当たりすぎると葉が枯れるので注意を。

原産地：中国南部、東南アジア
樹高：0.8〜2m

チャボヤシ（別名：アメリカアミヤシ）

Reinhardtia gracilis

ヤシ科レインハルティア属

葉の中央部分に網目状の穴があいている、ユニークな葉形が特徴です。

原産地：中南米
樹高：0.5〜2m

（ウンリュウ）

パキラ

Pachira glabra

アオイ科パキラ属

乾燥に強く、丈夫なので初心者でも安心。枝をくねらせたウンリュウ（雲龍）など、さまざまな仕立て方のものがあります。

●**育て方のポイント** 乾かし気味に育てるのがコツです。夏の直射日光は避けましょう。

原産地：熱帯アメリカ
樹高：0.3～2m

シーグレープ（別名：ハマベブドウ）

Coccoloba uvifera

タデ科ココロバ属

丸い葉がリズミカルに並ぶ姿が魅力的。海の近くに自生し、ぶどうのような実をつけることが名前の由来です。

●**育て方のポイント** 日当たりを好むので、十分光に当てましょう。

原産地：アメリカ南部、西インド諸島、中南米の熱帯地方
樹高：0.5～1m

エバーフレッシュ

Cojoba arborea var. *angustifolia*

マメ科コヨバ属

芽吹いたばかりの新しい葉は淡い褐色をしており、徐々に明るいグリーンに変わっていきます。夜になると葉を閉じる習性があります。

●**育て方のポイント** 水が不足すると葉が黄色くなり落葉するので、春から秋は水やりをやや多めにします。

原産地：マレー、スマトラ、南アフリカ、アマゾン

樹高：0.3〜2m

ミルクブッシュ

Euphorbia tirucalli

トウダイグサ科ユーフォルビア属

珊瑚のようなフォルムが特徴。秋になると黄色やオレンジに変化する茎の色も見どころです。

●**育て方のポイント** 多肉質な茎に水を蓄えるので、乾かし気味に管理。しっかり日に当てて育てます。

原産地：東アフリカ　樹高：0.3〜1m

コーヒーの木

Coffea arabica

アカネ科コーヒーノキ属

つややかな葉が美しく、耐陰性があるため室内で育てやすい木。大切に育てれば、芳香のある白い花と、鮮やかな赤い実を楽しめるかも。写真は水耕栽培。

原産地：エチオピア

樹高：10〜40㎝（このまま水耕栽培を続けた場合）

サトイモ科の植物

観葉植物として私たちが楽しんでいる植物のなかには、サトイモ科のものがたくさんあります。多くは世界各国の熱帯雨林原産で、自生地ではジャングルの地表近くで生息しているため、耐陰性がありインドアでも育てやすいという特徴があります。また、つるを伸ばしてほかの木や岩に絡みつく植物も少なくありません。小さな花が集まって棒状になる「肉穂《にくすい》花《か》序《じょ》」と、それを包む「仏炎苞《ぶつえんほう》」と呼ばれる苞が特徴で、アンスリウムの花はその代表格です。

管理の基本：比較的、耐陰性がありますが、日照不足になると間延びすることがあります。直射日光は避け、室内の明るい場所に置くのが無難です。冬は水やりを控えめに。空中湿度を好むので、霧吹きで葉水を与えるか、シャワーで水やりしましょう。

栽培カレンダー

	1	2	3	4	5	6	7	8	9	10	11	12
置き場所	明るい室内											
水やり	土が完全に乾いたら						表土が乾いたら					

アグラオネマ

サトイモ科アグラオネマ属

直立性と匍匐《ほふく》性のタイプがありますが、広く流通しているのは直立性のタイプです。葉の模様が美しいのが特徴。耐陰性があるため、本が読める程度の光量の場所でも育てられます。

管理の基本：寒さと乾燥が苦手です。暖かな場所で、適度な湿度を保ってください。乾燥する部屋では葉水を与えましょう。

アグラオネマ ビクトリー

Aglaonema sp.

グリーンの濃淡の独特な模様があるアグラオネマ。茎は白く、清潔感があります。

原産地：東南アジア熱帯雨林
草丈：30～80cm

アグラオネマ 'レッドビューティー'

Aglaonema commutatum cv. 'Red Beauty'

鮮やかな濃いピンクの斑が美しい品種。グリーンの濃淡と濃いピンクのコントラストが印象的です。

原産地：東南アジア熱帯雨林
草丈：30～50cm

アグラオネマ 'レッドゴールド'

Aglaonema commutatum cv. 'Red Gold'

葉模様が特徴的なアグラオネマのなかでも、葉の縁に赤い斑が入り、茎が鮮やかなピンクで美しい品種です。

原産地：東南アジア熱帯雨林　草丈：30～50cm

アロカシア

サトイモ科クワズイモ属

和名はクワズイモ。葉形が魅力的で、小型のものから大型のものまであり、葉色や葉の質感もいろいろです。

管理の基本：一年を通じて明るい半日陰で管理します。成長期の春から秋はたっぷり水やりを。高温多湿を好みますので、ときどき霧吹きで葉水を与えてあげると効果的です。

原産地：熱帯アジア
草丈：0.8～1.5m

アロカシア‘スティングレイ’

Alocasia macrorrhizos ‘Stingray’

スティングレイとは、魚のエイのこと。エイのような面白い形の葉が特徴です。

原産地：熱帯アジア
草丈：40～90㎝

アロカシア‘ピンクドラゴン’

Alocasia baginda ‘Pink Dragon’

矢尻のような形の葉で、スラッと伸びた茎がピンク色になります。

アンスリウム ブラックウィナー

Anthurium sp.

つやのあるダークブラウンの苞と、すっと伸びた葉茎についた細長いハート形の大きな葉が調和し、シックで大人っぽい雰囲気のアンスリウムです。

原産地：熱帯アメリカ、西インド諸島
草丈：30〜50cm

アンスリウム

サトイモ科アンスリウム属

アンスリウムというと、独特の花を連想する方も多いと思います。花色も豊富で、新品種もどんどん生まれていますが、葉の美しさを観賞するタイプの品種も魅力的です。

管理の基本：木の下で生息する植物なので、直射日光は避けるように。過湿には弱いため、乾くまで水はあげないのがポイントです。

アンスリウム‘リリー’

Anthurium andraeanum ‘Lily’

ソフトピンクの苞が魅力的で、次々に花を咲かせます。寒さに弱いので注意を。

原産地：熱帯アメリカ
草丈：15〜30cm

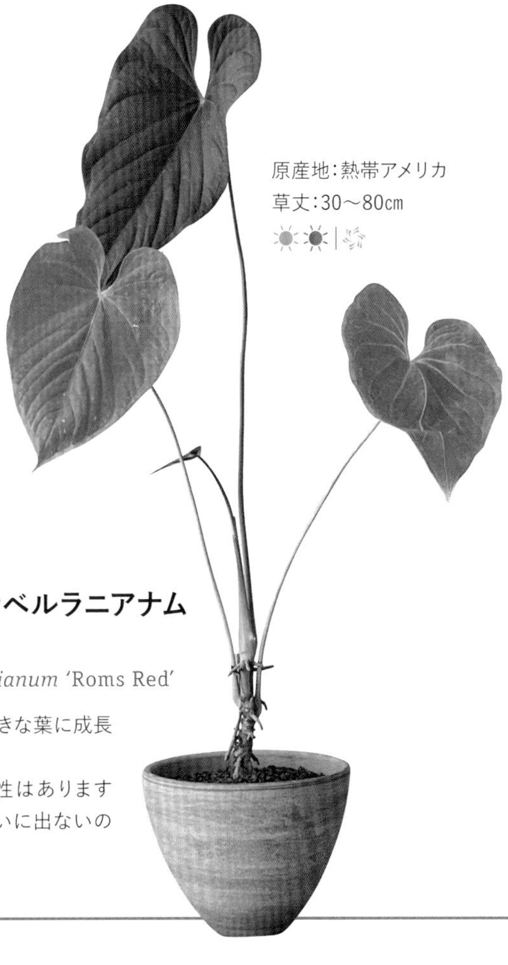

原産地：熱帯アメリカ
草丈：30〜80cm

アンスリウム・チャンベルラニアナム‘ロムズレッド’

Anthurium Chamberlanianum ‘Roms Red’

新葉が美しい赤銅色で、大きな葉に成長する存在感のある品種。

●育て方のポイント 耐陰性はありますが、暗すぎると葉色がきれいに出ないので、明るい室内で管理を。

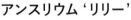

原産地：熱帯アメリカ
草丈：15〜40cm

シンゴニウム‘コンフェッティ’

Syngonium podophyllum ‘Confetti’

ピンクの斑が入る人気品種。全体的にシルバーがかった淡い色合いで、大人っぽい印象です。

シンゴニウム

サトイモ科シンゴニウム属

斑入りや筋が入るものなど葉色が豊富で、先の尖った葉形が特徴。生育旺盛で、丈夫です。つる性なので、支柱を立てて育てたりつるを垂らしても楽しめます。

管理の基本：耐陰性がありますが、適度なやさしい光を当てると、葉の色が鮮やかに出てきます。

シンゴニウム‘バティック’

Syngonium podophyllum ‘Batik’

葉脈に沿った白斑の入り方が特徴。インドネシアの染物、バティックを連想させる模様です。

原産地：熱帯アメリカ　草丈：15〜40cm

シンゴニウム‘ホワイトバタフライ’

Syngonium podophyllum ‘White Butterfly’

名前の通り、ホワイトグリーンの葉がひらひら舞うように展開します。

原産地：熱帯アメリカ　草丈：15〜40cm

スキンダプサス ‘アルギレウス’

Scindapsus pictus ‘Argyraeus’

葉が厚く、銀色の斑と深い緑の対比が美しい品種です。

原産地：インドネシア、マレー諸島
つる伸長：30〜60cm

スキンダプサス ‘オルモストシルバー’

Scindapsus hybrid ‘Almost Silver’

その名の通り、シルバーグリーンの葉が特徴。光が当たると、葉の表面がキラキラ光ります。

原産地：インドネシア、マレー諸島
つる伸長：30〜60cm

スキンダプサス

サトイモ科スキンダプサス属

葉は厚めで、シルバーグリーンの斑が入るのが特徴。つるが伸びるため、ハンギングでも楽しめます。

管理の基本：春から秋は直射日光の当たらない明るい日陰、冬はレースのカーテン越しの光が当たる場所か明るい日陰で管理を。

スキンダプサス ‘トレビー’

Scindapsus pictus ‘Trebie’

アルギレウスより葉が大きく、銀色の斑と深い緑の対比がよりはっきりしています。

原産地：インドネシア、マレー諸島
つる伸長：30〜60cm

ディフェンバキア

サトイモ科ディフェンバキア属

葉のグリーンとホワイトのコントラストが美しく、模様が特徴的で、清涼感のある明るい葉色が魅力です。

管理の基本：耐陰性があるので明るい日陰でも育てられますが、斑入り種の場合、光が足りないと斑が消えることがあります。葉や茎から出る汁には肌を刺激する成分があるので、植え替えや剪定の時はできれば直接触れないように。

ディフェンバキア‘エキゾチカ’

Dieffenbachia maculata ‘Exotica’

斑の入り方がくっきりし、グリーンの縁取りも美しい品種。真上から覗き込むと、より葉色のコントラストを楽しめます。

原産地：
熱帯アメリカ
草丈：40〜60cm

原産地：熱帯アメリカ
草丈：40〜60cm

ディフェンバキア・リフレクタ

Dieffenbachia reflector

ダークグリーンの葉に明るいグリーンの模様が、迷彩柄のように入ります。

原産地：熱帯アメリカ
草丈：50〜80cm

ディフェンバキア‘トロピックマリアンヌ’

Dieffenbachia ‘Tropic Marianne’

やや大型の品種で、深い緑色と葉の中央のクリームイエローの対比が魅力的です。

原産地:ブラジル南部
草丈:20〜40㎝

フィロデンドロン ‘クリームスプラッシュ’

Philodendron hederaceum var. *oxycardium* ‘Cream Splash’

ハート形の葉の中央あたりに、白や黄色の斑が入る品種。つるがよく伸びます。

フィロデンドロン

サトイモ科フィロデンドロン属

フィロデンドロンの語源は、ギリシャ語で「樹を愛する」。木に登る性質のものが多いことから、この名がつきました。多くがつる性で、直立性のものも茎が曲がりくねって伸びていきます。

管理の基本:直射日光の当たらない明るい場所で育てます。やや乾き気味に育てますが、空中湿度を好むので、葉水を与えましょう。

フィロデンドロン・クッカバラ

Philodendron kookaburra

切れ込みのある葉と気根の絡まった幹の姿がユニーク。

原産地:南アメリカ　草丈:30〜120㎝

フィロデンドロン・ビレッタエ

Philodendron billetae

オレンジがかった茎と、長細く垂れ下がるように連なる葉が魅力。

原産地:ブラジル南部
草丈:30〜60cm

原産地:ブラジル南部
草丈:20〜80cm

フィロデンドロン・セローム‘スーパーアトム’

Philodendron selloum ‘Super Atom’

セロームの矮性品種。小型ながらボリュームがあり、つやがあり波打つ葉が魅力的。成長すると気根が出ます。

フィロデンドロン‘ピンクプリンセス’

Philodendron ‘Pink Princess’

四方に分かれた茎から広がる大きな葉が魅力的。ピンクのさりげない斑が入り、茎もピンクがかります。

原産地:ブラジル南部　草丈:20〜50cm

フィロデンドロン・オキシカルジウム ‘ブラジル’

Philodendron hederaceum var. *oxycardium* ‘Brasil’

ハート形の葉の中央あたりに、黄色の斑が入ります。つるがよく伸びます。

原産地：ブラジル南部
つる伸長：10〜50cm

フィロデンドロン ‘ペインテッドレディ’

Philodendron cv. ‘Painted Lady’

新芽は淡いオレンジ色で、そこからイエロー、グリーンへと変化。散り斑が入り、赤味を帯びた茎と葉の対比が美しい品種です。

原産地：ブラジル南部
草丈：30〜60cm

フィロデンドロン・マーメイ

Philodendron mamei

葉にシルバーの模様が入る美しい品種です。

原産地：熱帯アメリカ
草丈：30〜80cm

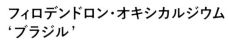

フィロデンドロン・メラノクリサム
（別名：ビロードカズラ）

Philodendron melanochrysum

葉はベルベットのような美しい光沢があり、キラキラ光ります。オレンジ色をした透明感のある葉は、時間がたつにつれ緑が深まります。

原産地：コロンビア　つる伸長：20〜70cm

フィロデンドロン ‘リング オブ ファイヤー’

Philodendron ‘Ring of Fire’

ギザギザ切れ込みの入った葉がスタイリッシュで、散り斑と白斑の両方入るタイプです。新葉はピンク色がかった色合いです。

原産地：ブラジル南部
草丈：30〜60cm

フィロデンドロン・ラセルム

Philodendron lacerum

40cmほどになる大きな葉が特徴で、荒々しく気根を伸ばした幹と相まって存在感があります。

原産地：キューバ、ドミニカ共和国
草丈：30〜80cm

ポトス

サトイモ科エピプレムヌム属

丈夫で育てやすい、観葉植物の定番。ハート形の葉がかわいらしく、つるがよく伸びるのでハンギングにも向きます。ライム色、斑入りなど葉色はさまざまです。

管理の基本：耐陰性があり、太陽光の入らない照明の明かりのみの室内でも育てられます。空中湿度を好むので、ときどき霧吹きで葉水を与えましょう。

ポトス ‘グローバルグリーン’

Epipremnum pinnatum
‘Global Green’

日本で作出された品種。緑と黄緑のマーブル模様がバランスよく、どんなインテリアにもなじみます。

原産地：東南アジア熱帯雨林
つる伸長：20～50cm

ポトス ‘エンジョイ’

Epipremnum pinnatum 'N'Joy'

緑の葉に白い斑がくっきりと入る品種。葉緑素が少ないので、比較的ゆっくり育ちます。

原産地：東南アジア熱帯雨林
つる伸長：20～50cm

ポトス ‘マーブルクイーン’

Epipremnum pinnatum
‘Marble Queen’

緑の葉に、マーブル状に白い斑が入り、さわやかな印象です。

原産地：東南アジア熱帯雨林
つる伸長：20～50cm

モンステラ

サトイモ科モンステラ属

葉に切れ込みや穴があり、南国風のエキゾチックな雰囲気が魅力のモンステラ。穴や切れ込みは、風や光を通すためといわれています。

管理の基本：ジャングルの高木の下で育つため、直射日光の当たらない明るい日向が適所。冬季や日陰では、水やりは土の表面が乾いてから2〜3日たってからにしましょう。

モンステラ・エクスピラータ

Monstera obliqua var. Expilata

モンステラの仲間で、穴のあいた個性的な葉を持ちます。エクスピラータはつるが長く伸び、葉が小さめな品種です。

原産地：熱帯アメリカ
つる伸長：20〜100㎝

ヒメモンステラ

Rhaphidophora tetrasperma

サトイモ科ラフィドフォラ属

ヒメモンステラの名前で呼ばれている植物は各種類ありますが、一般的なのはラフィドフォラ属のこの品種。丈夫で育てやすく、葉の切れ込みも多様です。ハンギングでも楽しめます。

原産地：東南アジア
草丈：30〜60㎝

モンステラ（別名：ホウライショウ）

Monstera deliciosa

特徴でもある葉の穴とともに、幹から出す気根も特徴。圧倒的な存在感があります。

原産地：熱帯アメリカ
草丈：60〜200㎝

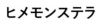

ザミオクルカス 'レイヴン'

Zamioculcas zamiifolia 'Raven'

サトイモ科ザミオクルカス属

ザミオクルカスは葉に厚みと光沢があり、葉が閉じたまま伸びていきます。レイヴンは、新葉は緑色ですが、徐々に黒い葉になっていく品種。

●育て方のポイント 強い紫外線が苦手なので、直射日光を避けた場所で、乾燥気味に育てましょう。

原産地：アフリカ東部
草丈：30〜60㎝

その他のサトイモ科の植物

スパティフィラム センセーション

Spathiphyllum sensation variegata

サトイモ科スパティフィラム属

大型品種のスパティフィラムで、大きな葉に斑が入り、筋目模様が浮き出ます。仏炎苞の花も魅力。

●育て方のポイント 直射日光の当たらない明るい窓辺が適所。日照不足だと花が咲きません。

原産地：熱帯アメリカ　草丈：30〜80㎝

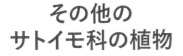

個性的な葉の植物

葉形や葉模様がユニークなものなど、
葉が個性的な植物を集めました。

カラテア

クズウコン科カラテア属

100種類以上の品種があります。美しく複雑な模様を持った品種が多く、葉色もバリエーションに富みます。

管理の基本：強い光が苦手なので、年間を通して明るい日陰が適所。ただし暗すぎると勢いがなくなり、葉色が悪くなります。

原産地：熱帯アメリカ
草丈：30〜60cm

カラテア‘エンペラー’

Calathea louisae ‘Emperor’

濃緑と黄緑、クリーム色などが刷毛で描かれたような模様になり、葉裏は紫。葉の形は不規則でやや波打っています。カラテアのなかでもとくに暗さに強い品種。

原産地：熱帯アメリカ
草丈：30〜80cm

カラテア・オルビフォリア

Calathea orbifolia

幅の広い楕円形の葉は銀白色の地で、葉脈に沿って緑色の模様が入り、大きな葉を横に広げます。

カラテア ‘サンデリアーナ’

Calathea ornata ‘Sanderiana’

深緑色に、白〜淡いピンクのくっきりした線が入ります。

原産地：熱帯アメリカ
草丈：30〜60cm

カラテア‘ジャングルローズ’

Calathea roseopicta ‘Jungle Rose’

深緑色の丸葉に、白のラインが入ります。葉裏は赤紫色です。

原産地:熱帯アメリカ　草丈:30〜50cm

カラテア‘ビッタタ’

Calathea elliptica ‘Vittata’

濃い緑に白い縞が美しい品種。さわやかな印象です。

原産地:熱帯アメリカ　草丈:30〜60cm

カラテア‘ノーザンライト’

Calathea roseopicta ‘Northern Lights’

丸くて濃いグリーンの葉にパステルグリーンの模様が入ります。葉裏や葉脈は紫色なので、色のコントラストも楽しめます。

原産地:熱帯アメリカ　草丈:30〜50cm

カラテア・マコヤナ

Calathea makoyana

複雑な模様と葉裏の美しい紫色が特徴。昼間は葉が広がり、夜になると葉が垂直に閉じる習性があります。夜間は葉裏の紫色がよく見えます。

原産地：熱帯アメリカ　草丈：30〜40cm

カラテア・ランキフォリア

Calathea lancifolia

細長い葉は波打ち、明るいグリーンの葉表にはダークグリーンの縁取りと楕円形の大小の模様があり、葉裏は濃い赤紫色をしています。

原産地：熱帯アメリカ
草丈：30〜40cm

カラテア・マエスティカ ‘ホワイトスター’

Calathea majestica ‘White Star’

葉は長卵形で、きれいなストライプが入ります。葉が展開して時間が経過すると赤味が出てきます。

原産地：熱帯アメリカ　草丈：30〜50cm

ストロマンテ‘トリオスター’

Stromanthe sanguinea (thalia) ‘Triostar’

クズウコン科ストロマンテ属

ストロマンテは葉の裏が赤いことから別名ウラベニショウとも呼ばれています。トリオスターは、葉表に斑が入り3色のコントラストが美しい品種です。

●育て方のポイント 強い光が苦手なので、明るい日陰で育てます。ただし暗すぎると葉色が悪くなります。

原産地：
南米の熱帯地方
草丈：30～40㎝

マランタ・レウコネウラ

Maranta leuconeura

クズウコン科マランタ属

マランタは、南米の熱帯雨林の下草として自生する植物。夜になると葉を閉じます。

●育て方のポイント ストロマンテに準じます。

原産地：
熱帯アメリカ
草丈：15～30㎝

クテナンテ ‘ブルレーマルクシー’

Ctenanthe ‘Burle Marxii’

クズウコン科クテナンテ属

葉裏は赤紫色。表面は、淡い緑色に濃い緑色の斑が入ります。

●育て方のポイント ストロマンテに準じます。

原産地：ブラジル、コスタリカ
草丈：20～40㎝

ペペロミア・アングラータ

Peperomia angulata

小ぶりな葉に縦縞が入ります。多肉質で乾燥に強く育てやすいため、初心者にもおすすめ。ハンギングでも楽しめます。

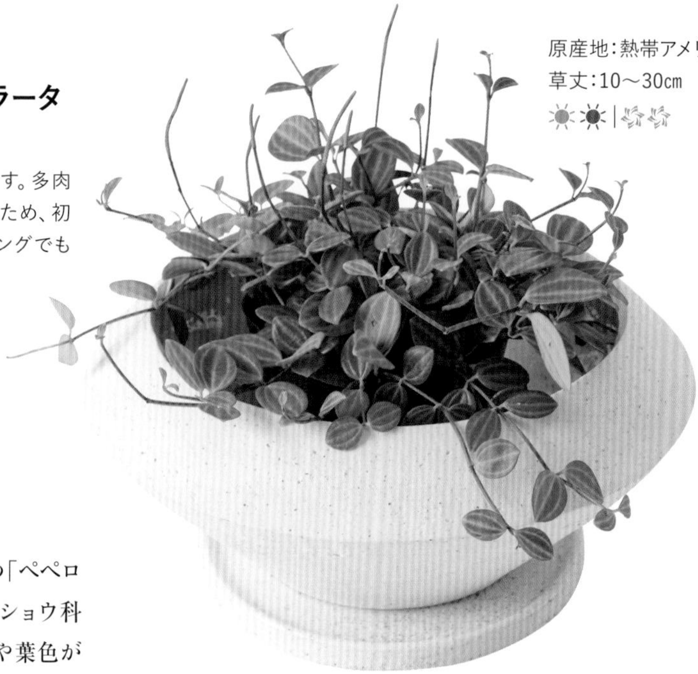

原産地:熱帯アメリカ
草丈:10〜30㎝

ペペロミア

コショウ科ペペロミア属

「コショウに似た」という意味を持つ「ペペロミア」。香辛料のコショウと同じコショウ科に属する近縁種です。葉の大きさや葉色が多様で、垂れる品種もあります。育てやすく丈夫なので、入門グリーンとしてもおすすめ。

管理の基本: 直射日光は避け、明るい室内で管理を。葉水を与えると効果的です。

原産地:熱帯アメリカ
草丈:20〜30㎝

ペペロミア ‘ジェイド’

Peperomia obtusifolia ‘Jade’

短い茎を中心に、四方に丸々したハート形の葉を伸ばします。

ペペロミア ‘ジェリーライト’

Peperomia clusiifolia ‘Jelly’

卵形の緑の葉にクリーム色の斑が入り、縁はピンク色に染まります。

原産地:熱帯アメリカ　草丈:20〜40㎝

ペペロミア‘ホープ’

Peperomia obtusifolia ‘Hope’

肉厚の丸葉が垂れ下がり、かわいらしい姿に。多肉質で乾燥に強いため、とても育てやすい植物です。なるべく日当たりのよいところで乾燥気味に育ててください。

原産地:熱帯アメリカ　つる伸長:20〜30cm

原産地:熱帯アメリカ
草丈:10〜20cm

ペペロミア・アルギレイア（別名:スイカペペ）

Peperomia argyreia

銀緑色の葉に、葉脈に沿って濃い緑色の線が入る様子がスイカに似ていることから、スイカペペとも呼ばれます。

ピレア・ペペロミオイデス

Pilea peperomioides

イラクサ科ピレア（ミズ）属

ペペロミアに似ているところからこの名がつきましたが、別のグループです。かわいらしい丸い葉が放射線状に伸び、子株がよく出て増えていきます。

●育て方のポイント

日照不足になると葉を落とすので、なるべく明るい窓辺で育ててください。冬は土の表面が乾いてから7〜10日後に水やりを。

原産地:西インド諸島
草丈:20〜40cm

パイナップルの仲間

パイナップル科

アナナスとも呼ばれ、エキゾチックな姿が魅力です。自生地は湿潤な森で、木などに着生して育ちます。

管理の基本：直射日光を避け、明るい室内で管理を。葉の中心の筒状の部分に水がたまるように、株の上から水やりをします(p54参照)。冬は水やりを控えめに。

ネオレゲリア ‘ファイアーボール’

Neoregelia ‘Fireball’

パイナップル科ネオレゲリア属

ワインレッドの美しい筒状の株が連なります。

●育て方のポイント 一年を通して日をよく当てると、葉の色がきれいに育ちます。冬は水やりを控えて霧吹きなどで管理を。

原産地：熱帯アメリカ　草丈：20〜30㎝

ネオレゲリア ‘ロイヤルバーガンディ’

Neoregelia ‘Royal Burgundy’

パイナップル科ネオレゲリア属

写真は緑色ですが、徐々にワインレッドに染まります。

原産地：熱帯アメリカ　草丈：20〜30㎝

ビルベルギア ‘ブラックパール’

Billbergia ‘Black Pearl’

パイナップル科ビルベルギア属

ビルベルギアは、筒アナナスとも呼ばれます。この品種は黒に近い深い緑色に、スポット模様が入ります。

原産地：熱帯アメリカ
草丈：20〜40㎝

チランジア

パイナップル科チランジア属

南米や中米など幅広い範囲に分布。木やサボテン、岩などに着生をして自生し、日中は霧から水分を得ます。エアプランツと呼ばれることもあります。
管理の基本：1日1回の霧吹き（環境によってタイミングは変わります）で水を与えます。

チランジア・アエラントス ‘ニグラ’

Tillandsia aeranthos ‘Nigra’

細身の葉がやや反って広がるアエラントス。ニグラはやや黒みがかった葉色の品種です。

原産地：北米南部、中南米
幅：10〜30㎝

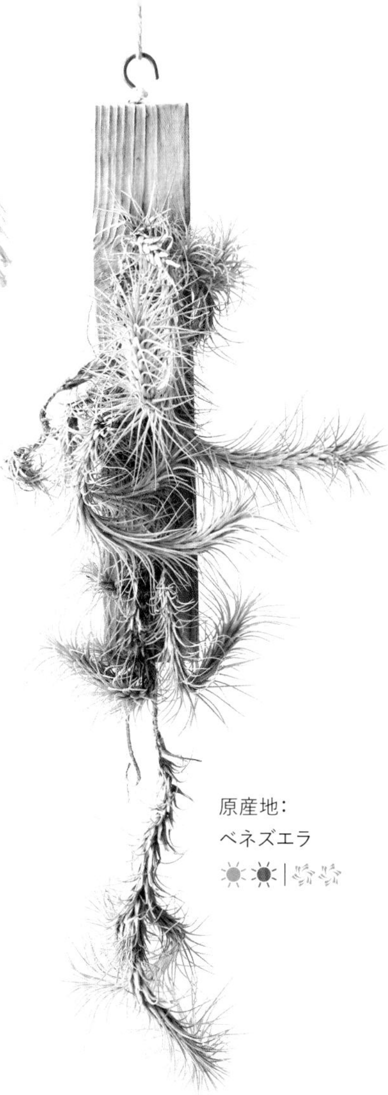

チランジア・フンキアナ

Tillandsia funckiana

細い葉を展開させながら茎が伸びてゆき、朱色の美しい花を咲かせます。暑さに強い一方で寒さに弱いので、冬の管理に注意。子株をよく出します。

原産地：
ベネズエラ

チランジア・キセログラフィカ

Tillandsia xerographica

チランジアの王様とも称される銀葉の美しい品種。性質は強健なので初心者の方にもおすすめの種です。

原産地：
エルサルバドル、
グアテマラ、メキシコ
幅：20〜30㎝

チランジア・カクティコラ

Tillandsia cacticola

渦を巻いたような葉が特徴の、銀葉種。写真は群生している様子です。

原産地：エルサルバドル、グアテマラ、メキシコ
幅：15〜30㎝

ベゴニア・マクラータ

Begonia maculata

水玉模様の葉が特徴的な木立性のベゴニアです。ベゴニアのなかでも特に強健なため初心者向けです。

原産地：メキシコ　草丈：30～50cm

ベゴニア

シュウカイドウ科ベゴニア属

ベゴニアは原種だけでも1400種を超え、多彩な葉が魅力です。
管理の基本：直射日光を避け、乾かしすぎに気をつけて霧吹きで湿度を補います。夏場は風通しよく、冬は土の中は乾かし気味に管理し、窓から少し離し、気温が下がりにくい環境に置きましょう。

原産地：中国南部、ヒマラヤ
草丈：30～40cm

ベゴニア・マッソニアナ（別名：アイアンクロス ベゴニア）

Begonia masoniana

根茎性のベゴニアで、葉脈に沿った模様の形状から、別名アイアンクロスとも呼ばれます。葉にボコボコとした凹凸があります。

レックスベゴニア ボレロ

Begonia rex-cultorum

シルバーの葉と、濃い赤の茎と葉脈の組み合わせがエキゾチックな印象の品種です。

原産地：インド　草丈：30～40cm

ストレリチア

ゴクラクチョウカ科ゴクラクチョウカ属

品種によってかなり姿が違いますが、シャープな茎のシルエットと葉の対比が魅力です。

管理の基本：水やり過多だと根腐れを起こしてしまいます。冬は土が乾いてから数日後に水やりを。ただし、葉は乾燥に弱く水分が足りなくなると丸まってしまうので、霧吹き等で葉水を与えると効果的です。

ストレリチア・オーガスタ

Strelitzia augusta, Strelitzia nicolai

シュッと伸びた茎に大ぶりの葉が特徴で、圧倒的な存在感があります。

原産地：マダガスカル

草丈：80〜200cm

ストレリチア・レギネ（別名：極楽鳥花、バードオブパラダイス）

Strelitzia reginae

極楽鳥に似た花を咲かせる人気品種。シルバーがかった葉色とすっとした姿も魅力です。

原産地：南アフリカ

草丈：80〜150cm

アスパラガス

キジカクシ科クサスギカズラ（アスパラガス）属

葉のように見えるのは、葉状に変形した枝。地下に多肉質の根茎があります。

管理の基本：風通しと日当たりのよい明るい室内で管理を。夏の直射日光は避けましょう。

アスパラガス‘スプレンゲリー’

Asparagus densiflorus cv. 'Sprengeri'

やや立ち性の品種でよく枝分かれします。茎に少しトゲがあるので注意を。花火のように広がった姿が印象的です。

原産地：ユーラシア大陸、南アフリカ　草丈：20〜60cm

アスパラガス・ナナス（別名：シノブボウキ）

Asparagus plumosus var. *nanus*

細かい葉がレースのように軽やか。育てやすい品種です。

原産地：ユーラシア大陸、南アフリカ

草丈：20〜40cm

シダの仲間

太古より地球に存在していた胞子植物。世界中に分布しており、1万種類を超えるともいわれています。日陰や多湿な環境を好むものが多く、自然界では木や石に着生するものもあります。くるくる巻いた新芽も魅力。レースのように繊細なものから、広い葉を持つ逞しい印象のものまで、多彩な品種があります。

管理の基本：シダの仲間は一般的に空中湿度を好むので、水切れに注意し、一年を通して霧吹きでこまめに葉水を与えるようにしましょう。直射日光に当たると葉焼けするものもあるので、レースカーテン越しの窓際や半日陰で管理してください。

原産地:熱帯アジア
草丈:20〜50cm

アスプレニウム ‘ハリケーン’

Asplenium antiquum ‘Hurricane’

チャセンシダ科アスプレニウム属

光沢のある明るい緑色の葉はウェーブし、渦を巻くように広がります。

原産地:熱帯アジア
草丈:30〜50cm

アスプレニウム・ツンベルギー

Asplenium thunbergii

チャセンシダ科アスプレニウム属

つやつやと光沢のある明るい緑色のレース状の葉を中央から放射線状に展開します。多少日当たりが悪い場所でも元気に育つため、初心者にもおすすめ。

アグラオモルファ・コロナンス（別名:カザリシダ）

Aglaomorpha coronans

ウラボシ科アグラオモルファ属

毛に覆われた根茎が特徴。豪快に広がった、切れ込みの入った葉は見応えがあります。自然界では木などに着生します。

原産地:東南アジア
草丈:30〜50cm

ダバリア・デンティクラータ

Davallia denticulata

シノブ科シノブ属

ダバリアのなかでは葉は大きい品種。葉質はやわらかく、ふんわりと枝垂れ、やさしい雰囲気です。

トキワシノブ

Davallia mariesii / Humata tyermannii

シノブ科キクシノブ属

美しい白い毛が生えた根茎の伸びた先に葉をつけます。
●育て方のポイント 着生するシダなので土を用いず水苔などで育てられます。風通しが悪いと葉を落とすので、風通しのよい場所で育てます。1日に1回、霧吹きで葉水を与え、苔玉が乾ききる前に、苔玉を水に浸してしっかり水分を与えます。

原産地：中国　草丈：20～40cm

原産地：マレーシア
草丈：20～40cm

フィジーシノブ

Davallia fejeensis

シノブ科シノブ属

細かく美しい葉と、白い毛に覆われた根が特徴です。

原産地：オセアニア、フィジー諸島
草丈：20～40cm

原産地：熱帯アメリカ
草丈：15～30cm

フレボディウム‘ダバナ’

Phlebodium aureum 'Davana'

ウラボシ科フレボディウム属

葉色はイエローがかった新葉から白い粉を吹いたようなブルーグリーンまで、グラデーションがあり、不規則な切れ込みが複雑なドレープを生みます。

原産地：ニューカレドニア
草丈：30～90cm

ブレクナム‘シルバーレディ’

Blechnum gibbum 'Silver lady'

シシガシラ科ブレクナム属

熱帯に分布する小型の木立性シダで、ヤシを連想させる細かな葉がトロピカルな雰囲気です。

リュウビンタイ

Angiopteris lygodiifolia

リュウビンタイ科リュウビンタイ属

薄暗い森のじめじめした地表や、岩の上に活着して生息しています。株元のゴツゴツした塊茎部からくるくる巻いた新芽を出し成長する姿が特徴的。

●**育て方のポイント** 根塊が乾かないよう、水分補給しましょう。

原産地：台湾、日本南部　草丈：30～100cm

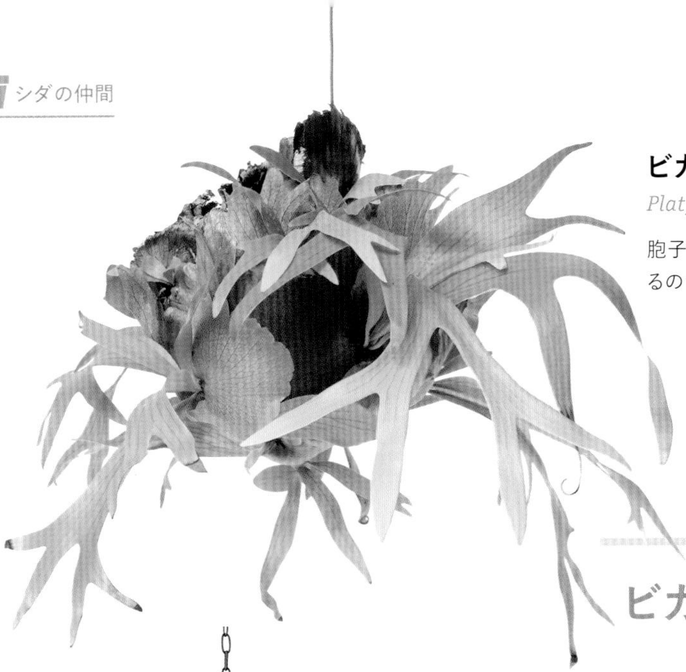

ビカクシダ・ウィリンキー

Platycerium willinckii

胞子葉の先が分かれ、長く垂れ下がるのが特徴。

原産地：インドネシア
全長：30～80cm

ビカクシダ（別名：コウモリラン）

ウラボシ科ビカクシダ属

鹿の角に見えることから『ビカクシダ』と呼ばれている人気の観葉植物。または葉の形が飛んでいくコウモリに見えるので「コウモリラン」。熱帯地域の植物で、ほかの樹木に根を張り自生する着生植物です。

管理の基本：空気中の湿度を好むので葉に霧吹きで葉水をしましょう。乾いてきたらシャワーなどで、たっぷり湿らせます。

原産地：東南アジア
全長：30～120cm

ビカクシダ・グランデ

Platycerium grande

大きい葉の品種。その特徴的な見た目から“森の王冠”と呼ばれることもあり存在感が抜群です。

ビカクシダ・ステマリア

Platycerium stemaria

胞子葉は光沢があり、先端で二又に分かれているのが特徴です。

原産地：マダガスカル、アフリカ東部、中央部
全長：30～100cm

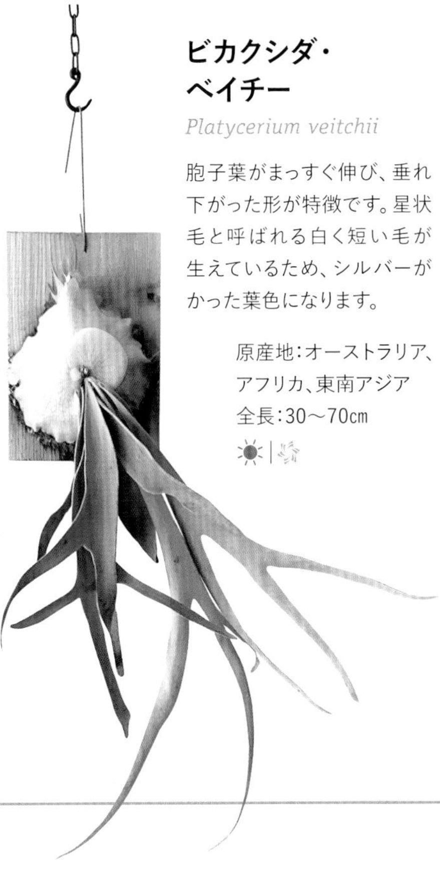

ビカクシダ・ベイチー

Platycerium veitchii

胞子葉がまっすぐ伸び、垂れ下がった形が特徴です。星状毛と呼ばれる白く短い毛が生えているため、シルバーがかった葉色になります。

原産地：オーストラリア、アフリカ、東南アジア
全長：30～70cm

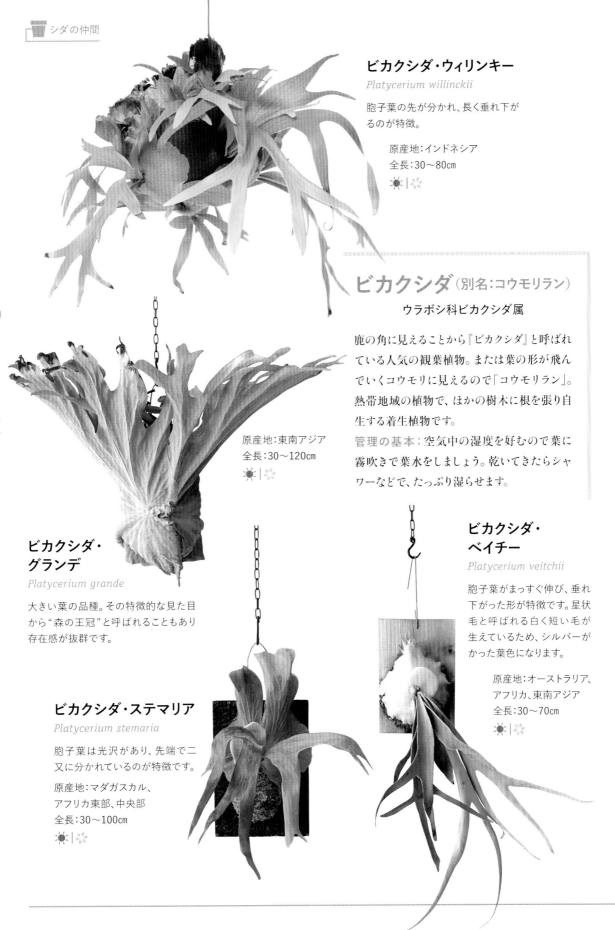

ハンギングに向く植物

自然界では樹木に着生して下垂するなど
ハンギング向きの植物を集めました。

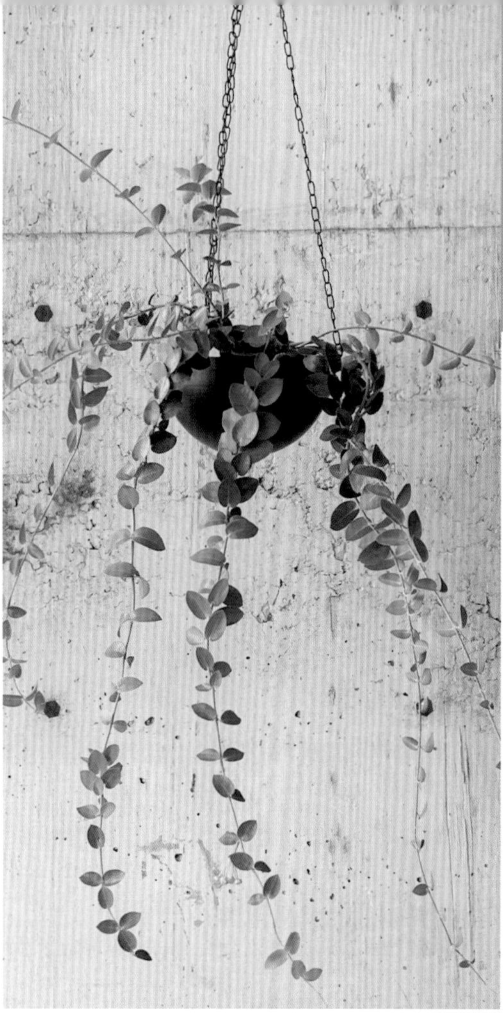

ホヤ

キョウチクトウ科サクララン（ホヤ）属

つる性植物で、多肉質な葉に星形のかわいらしい花をつけます。観葉植物のなかでも人気の品種です。

管理の基本：年間を通して風通しのよい場所で管理を。寒さと過湿に弱いので注意しましょう。

ホヤ・クミンギアナ

Hoya cumingiana

やや小葉のタイプ。枝を伸ばしながら、節先にバニラのような甘い香りのするライトグリーンの花をつけます。

●**育て方のポイント** 夏場は半日陰に置いて、冬場は日によく当てるように。乾燥時期は霧吹きで葉水を与えてください。

原産地：マレーシア　つる伸長：40〜60㎝

ホヤ・リネアリス

Hoya linearis

棒状で多肉質な葉をまっすぐに垂らします。見かけは繊細そうですが、丈夫で乾燥にも強く、気温に気をつけさえすればどんどん新しい葉を出しながら長く伸びていきます。

原産地：東南アジア
つる伸長：80〜120㎝

ホヤ・カルノーサ

Hoya carnosa

桜の色に似た淡いピンクの花が咲くことから、サクラランとも呼ばれます。多肉質の葉を持ち、鮮やかな緑色に白の縁が目をひきます。

原産地：オーストラリア、中国南部、日本南部
つる伸長：30〜60㎝

ディスキディア

キョウチクトウ科ディスキディア属

節から気根を出して樹木などに絡まる着生植物。肉厚でぷっくりした小さな葉をたくさんつけます。

管理の基本：風通しのよい半日向〜半日陰で管理を。土はやや乾燥気味に管理し、霧吹きで葉水を与えましょう。

ディスキディア・ベンガレンシス

Dischidia bengalensis

エメラルドネックレスの名前で呼ばれることもあります。斑入り品種もあります。

原産地：東南アジア、オーストラリア
つる伸長：30〜60cm

ディスキディア・ルスキフォリア
（別名：ミリオンハート）

Dischidia ruscifolia

小さなハート形の葉がいくつも連なります。状態がよいと、小さな白い花をたくさん咲かせます。

原産地：東南アジア、オーストラリア
つる伸長：30〜60cm

ディスキディア・ヌンムラリア

Dischidia nummularia

丸く肉厚の葉がたくさん連なり、風に揺れるさまも魅力。斑入り種もあります。

原産地：東南アジア、オーストラリア
つる伸長：40〜100cm

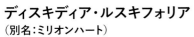

サボテンの仲間

サボテンは乾燥に耐えられるよう葉は多肉質で、トゲが生えている品種が多くあります。森林性サボテンなど着生するタイプは、ハンギングにも向いています。

管理の基本：乾燥に強く、多湿を嫌います。着生するタイプの森林性サボテンは、風通しがよく直射日光が当たらない明るい場所で管理を。冬の水やりは月に1回程度に。

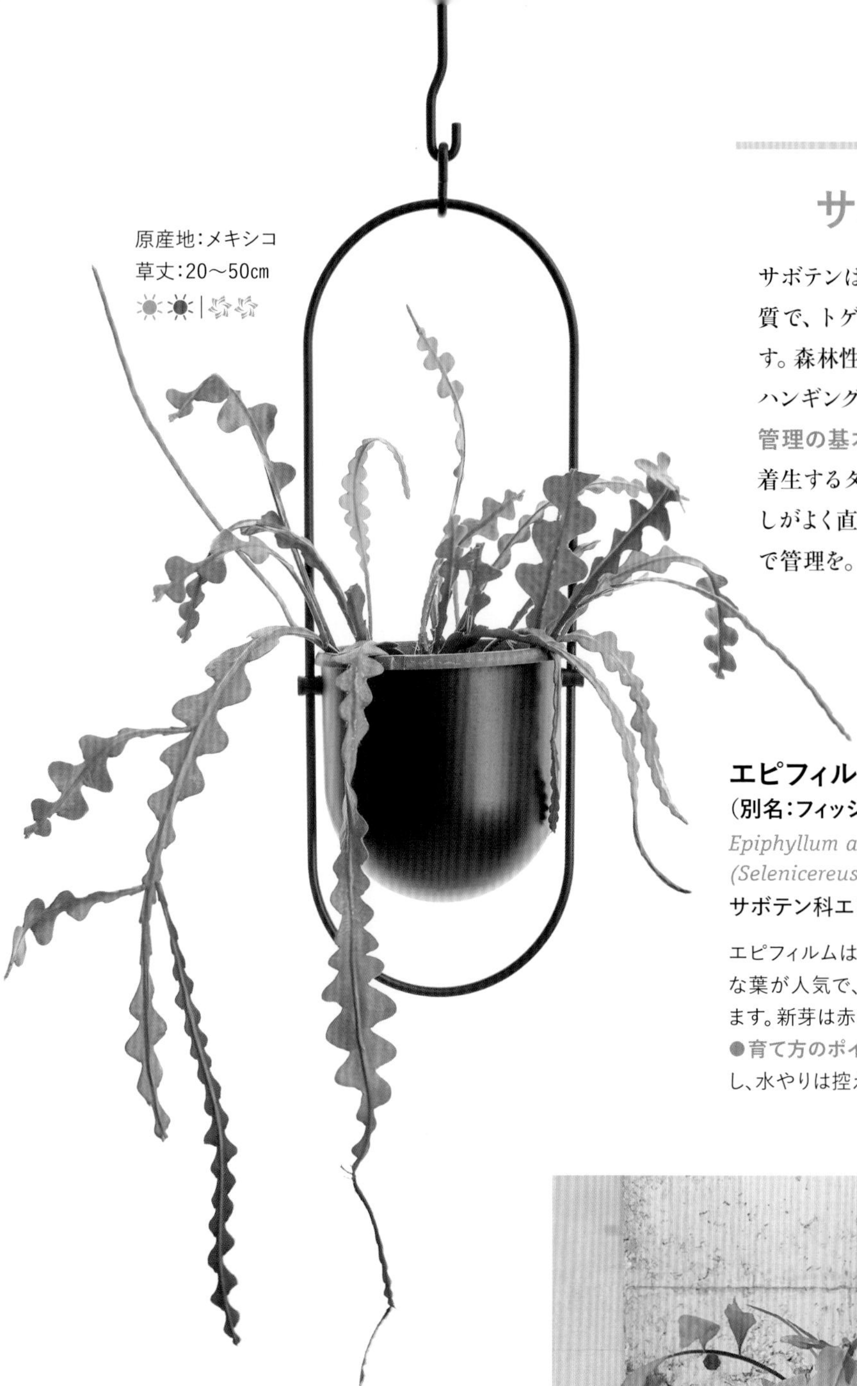

原産地：メキシコ
草丈：20〜50㎝

エピフィルム・アングリガー
（別名：フィッシュボーンカクタス）

Epiphyllum anguliger
(Selenicereus anthonyanus)

サボテン科エピフィルム属

エピフィルムは森林系のサボテン。魚の骨のような独特な葉が人気で、ジグザグカクタスと呼ばれることもあります。新芽は赤味を帯びます。

●**育て方のポイント** 直射日光を避け明るい室内で管理し、水やりは控えめに。

エピフィルム・プミラム
（別名：姫月下美人）

Epiphyllum pumilum

サボテン科エピフィルム属

森林性のサボテンで、平たい葉が特徴。月下美人を小ぶりにしたような豪華な花が咲きます。

原産地：メキシコ　草丈：20〜50㎝

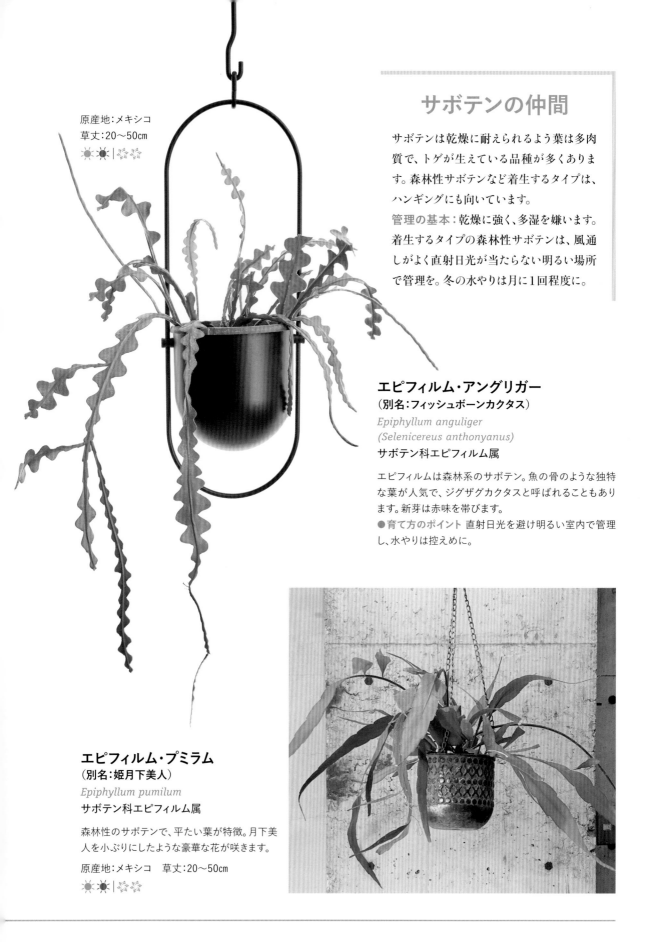

ヒルデウィンテラ（別名：ヒモサボテン）

Hildewintera aureispina

サボテン科ヒルデウィンテラ属

黄金色の針に包まれており、くねくね伸びる姿がユニーク。
●育て方のポイント 手入れをする際は、トゲで手に傷がつかないよう注意を。

原産地：ボリビア、アルゼンチン
草丈：20～40㎝

レピスミウム・クルシフォルメ

Lepismium cruciforme

サボテン科レピスミウム属

葉がヒモのように長く伸びるヒモサボテンの仲間で、メキシコでは森林の中で木や岩に着生して生きています。

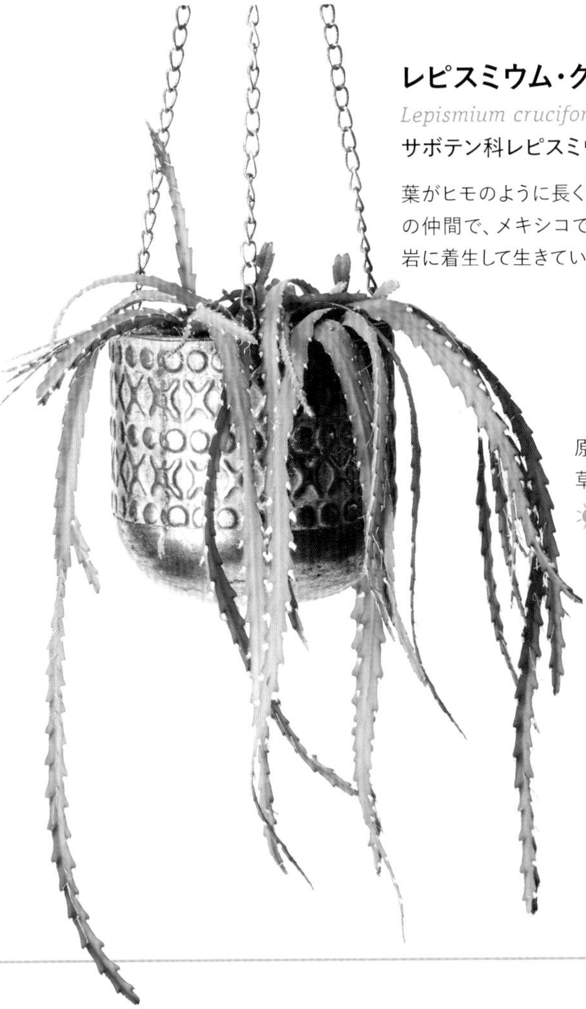

原産地：メキシコ
草丈：20～60㎝

レピスミウム・ホーレティアナム

Lepismium houlletianum

サボテン科レピスミウム属

葉が長く伸びるヒモサボテンの仲間で、広めの葉の縁にギザギザが入るのが特徴です。耐暑性、耐寒性にもすぐれています。

原産地：メキシコ　草丈：20～60㎝

プセウドリプサリス・ラムローサ ‘レッドコーラル’

Pseudorhipsalis (Disocactus) ramulosa ‘Red Coral’

赤く色づいた葉が目をひきます。育てていくにつれ葉が長く垂れる姿は迫力があります。花や白く丸い実も魅力。リプサリスとして紹介されることもあります。

●**育て方のポイント** 日光に当てるほど、色がきれいになります。日光不足では赤くなりません。

原産地：ブラジル
草丈：30〜40cm

リプサリス

サボテン科リプサリス属

細長い茎を分枝させているユニークな姿が特徴。南米の熱帯雨林で木や岩に着生して育つため乾燥・高温に強く、木漏れ日程度の光で育ちます。

管理の基本：直射日光は避け、風通しのよい明るい室内で管理を。ときどき葉水を与えましょう。

リプサリス・ホリダ

Rhipsalis baccifera ssp. *horrida*

南米の熱帯雨林で木や岩に着生して育つため、乾燥・高温に強く、木漏れ日程度の光でも育ちます。

原産地：北米南部、中南米
草丈：30〜80cm

リプサリス・カスッサ

Rhipsalis cassutha

細長い茎は円柱状でよく分枝し、何本も伸びていきます。手触りも見た目もやわらかです。

原産地：北米南部、中南米
草丈：30〜40cm

原産地：スマトラ島、
ボルネオ島
つる伸長：30〜70㎝

フペルジア 'Hang Hong'

Huperzia 'Hang Hong'

ヒカゲノカズラ科
フレグマリウルス属

フペルジアはシダ植物で、個性的な姿で人気。この品種は矢尻のような形の葉が連なり、ユニークです。

●育て方のポイント 直射日光を避け、風通しのよい場所で管理を。霧吹きで葉を加湿し、土の表面が乾いたら水やりします。

エスキナンサス 'ツイスター'

Aeschynanthus 'Twister'

イワタバコ科エスキナンサス属

クルクルした多肉質の葉が特徴。乾燥にも比較的強く、育てやすいです。

原産地：インド、マレーシア
つる伸長：30〜50㎝

その他の植物

ハンギングや板付けで、垂れ下がる姿を楽しめる個性的な植物を集めました。

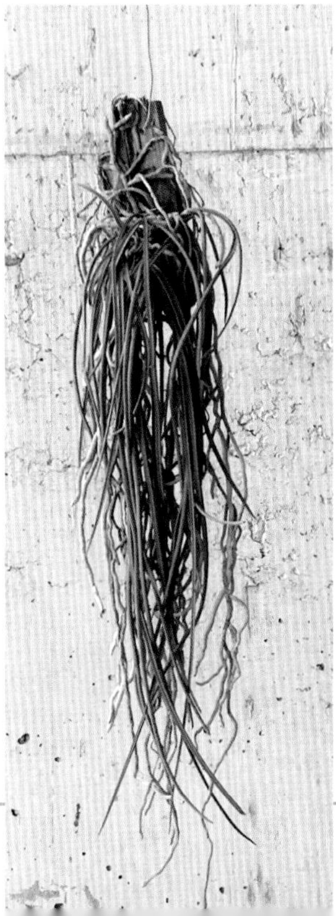

セイデンファデニア・ミトラタ

Seidenfadenia mitrata

ラン科セイデンファデニア属

着生ランの仲間で、多肉質の葉と白い根が垂れ下がる姿が魅力。年に一度ピンク色の小さな花を咲かせます。

●育て方のポイント 水やりは乾く前に霧吹きなどで葉水を頻繁に与えます。木片に着生している場合は、木片にも十分に水を吸わせるように数分間、水に沈めて吸水させることもおすすめ。

原産地：東南アジア
つる伸長：50〜80㎝

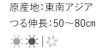

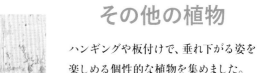

多肉植物

多肉植物とは、茎や葉に水分や栄養分を蓄えて生きている植物のこと。ぷっくりした姿のものや、ユニークな形のものが多く、人気が高まっています。また、かわいい花も魅力。自生地は極度の乾燥地や朝晩の温度差が激しい場所など、厳しい環境がほとんどで、日本の気候とはかなり異なります。そのため水やりの頻度が少なくてすみますが、一方で過湿は苦手です。

管理の基本：日本では春と秋に生育するもの、夏に生育するもの、冬に生育するものがあります。生育期に水や肥料を与え、休眠期は水を控えるのが原則。冬以外は屋外で育てるのが基本です。風通し、日当たりがよい室内で育てる場合も、機会を見て屋外に出しましょう。

アガベ

キジカクシ科
アガベ（リュウゼツラン）属

乾燥地に生育しているものが多く、葉の縁にトゲのあるものや、スマートな姿のものなど品種ごとに特徴があります。

管理の基本：夏型なので、冬の水やりは1カ月に1回を目安に。日当たりが悪いと、葉色が悪くなり、徒《と》長《ちょう》気味になります。

原産地：メキシコ、
アメリカ南西部
直径：10～20㎝

アガベ 吉祥冠錦《きっしょうかんにしき》

Agave potatorum 'Kisshoukan' f. *variegata*

赤茶がかったトゲのあるロゼット状の葉に、黄色い斑がきれいに入った品種。真上から見ると、緑、黄色、赤の美しいコントラストが楽しめます。

アガベ・アテナータ 'ボーチンブルー'

Agave attenuata 'Boutin Blue'

大型の品種。すっと伸びた幹の先に、白い粉がかかったブルーグレーの細長い葉が放射状に出ます。

原産地：メキシコ、
アメリカ南西部
草丈：40～130㎝

アロエ

ススキノキ科アロエ属

南アフリカ、マダガスカルを中心に自生。小型種から大型種まであり、丈夫で育てやすく、耐寒性のある品種なら関東以西では、屋外で越冬できます。

管理の基本：日当たり、風通しのよい明るい室内または屋外で管理を。ただし霜には当てないように。乾燥を好み、冬は水やりを控えめにします。

アロエ・スプラフォリアータ

Aloe suprafoliata

葉を左右に展開させ、やがて地面と水平になるように真横に長く伸ばします。秋から初春にかけ、エメラルドカラーの葉が紫色に変色しトゲも赤味を帯びます。

原産地：南アフリカ
葉の長さ：20〜40cm

アロエ・ライツィー

Aloe reitzii

赤いトゲが生えた肉厚の葉がコンパクトにまとまります。

原産地：南アフリカ
草丈：10〜30cm

アロエ・ラモシシマ

Aloe ramosissima

低い位置から分岐して、木質化している幹から出ている葉は葉先がオレンジ色に染まることがあります。

原産地：南アフリカ
草丈：10〜40cm

アロエ ‘フラミンゴ’

Aloe ‘Flamingo’

恐竜の背中のようなゴツゴツとした姿とオレンジ色が目をひきます。

原産地：アフリカ南部、マダガスカル
草丈：10〜20cm

サンスベリア ‘シルバークラウン’

Dracaena (Sansevieria) ‘Silver Crown’

シルバー系の放射状に成長する葉が美しい品種。

原産地:熱帯アフリカ　草丈:20〜30㎝

サンスベリア

キジカクシ科ドラセナ属

マイナスイオンを発生し空気を浄化してくれる効果があるといわれ、ストレスを和らげる植物として人気があります。以前はサンスベリア属でしたが、近年ドラセナ属に変わりました。

管理の基本：風通しのよい明るい室内で管理を。水なしでもすぐには枯れないので乾燥気味に育てるのがコツ。冬場の水やりは1カ月に1回を目安。

サンスベリア・キリンドリカ

Dracaena (Sansevieria) cylindrica

筒状の葉に横縞模様が入り、ムチムチした姿が魅力です。

原産地:熱帯アフリカ
草丈:40〜70㎝

サンスベリア ‘シルバープリンセス’

Dracaena (Sansevieria) trifasciata ‘Silver Princess’

明るいグリーンのシャープな葉に乳白色の斑が入ります。

原産地:アフリカ
草丈:20〜50㎝

サンスベリア・ボンセレンシス

Dracaena (Sansevieria) boncellensis

手のひらのような肉厚の葉がかわいらしく、ボーダーのような葉の模様が印象的。

原産地：熱帯アフリカ　草丈：20〜30cm

サンスベリア・ピングイキュラ

Dracaena (Sansevieria) pinguicula

シルバーブルーの葉に赤い縁取りが入り、葉が放射状に端正な姿が魅力。

原産地：ケニア東部　草丈：20〜40cm

サンスベリア 'ローレンチ'

Dracaena (Sansevieria) trifasciata 'Laurentii'

葉は剣状の肉厚で、黄色い外斑が、虎の尻尾みたいなので「虎の尾」とも呼ばれます。

原産地：アフリカ

草丈：30〜60cm

ユーフォルビア

トウダイグサ科ユーフォルビア属

ユーフォルビア属は世界各地に自生し、一年草から大木まで、性質も形状もひじょうに多様です。南アフリカやマダガスカルに自生する品種は多肉質で、トゲがあるなど、サボテンによく似ています。

管理の基本：排水性のよい土に植え、日当たりと風通しがよければよく育ちます。枝や茎をハサミなどで切ると出る白い樹液には毒が含まれており、触れるとかぶれることもあるので注意を。

ユーフォルビア・クリビコラ

Euphorbia clivicola

四角柱のムチムチした枝を密集させ、明るい緑色のところどころから、対になった短いトゲを生やしています。黄色い小さな花を咲かせるのも特徴。写真は接ぎ木したものです。

原産地：南アフリカ　樹高：15～40㎝

原産地：南アフリカ
樹高：30～200㎝

ユーフォルビア・グランディアラータ

Euphorbia grandialata

三角形に伸びた樹形に複雑なくぼみや模様が入る様が面白く、白く長い大きなトゲが特徴です。

ユーフォルビア・コンフィナリス

Euphorbia confinalis

多角形で柱状に伸び、鋭いトゲを持ちます。サボテン科の植物ではありませんが、ローデシアサボテンと呼ばれることもあります。

原産地：ジンバブエ
樹高：20～100㎝

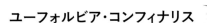

ユーフォルビア・フォスフォレア
（別名：夜光キリン）

Euphorbia Phosphorea

棒のような茎から、暖かい時期にだけ小さな葉を出します。冬は落葉して茎だけに。寒さに当たると、茎がピンクがかったグラデーションになります。

原産地：南アフリカ
樹高：20～80㎝

ユーフォルビア・ラクテア ‘ホワイトゴースト’

Euphorbia lactea ‘White ghost’

「白い幽霊」という名の通り、白くユニークな姿が特徴。鋭いトゲがあります。

原産地：インド　樹高：10～100㎝

アローディア・プロセラ
（別名：亜竜木）

Alluaudia procera

全身にトゲが生え、緑色の小判状の葉と背骨のような灰白色の茎が特徴です。
●**育て方のポイント** 日当たり、風通しのよい明るい室内、または屋外（寒冷地では冬は室内）で管理。水やりは春～秋は2週間に1回、冬は1カ月に1回が目安。

原産地：マダガスカル
樹高：15～100㎝

アローディア
ディディエレア科アローディア属

アフリカ南東に位置するマダガスカルに自生する植物。自生地では樹高約10mになるものもあります。
管理の基本：直射日光の当たる場所で乾燥気味に管理します。

ハオルチア 光オブツーサ

Haworthia cooperi hyb.

軟葉系の代表的な品種。直径1cmほどの透き通る窓が魅力的です。

原産地：南アフリカ　草丈：2〜4cm

ハオルチア・グラウカ ヘレイ

Haworthia glauca var. *herrei*

青い剣のようなシャープな葉が特徴。子株がよく出ます。

原産地：南アフリカ　草丈：3〜5cm

ハオルチア

ツルボラン科ハオルチア属

自生地では岩陰や木の根元などで育ちます。透明な窓が美しい「軟葉《なんぱ》系」、硬い葉の「硬葉《こうは》系」、上部を切断したようなタイプなどがあります。

管理の基本：直射日光が苦手なので、風通しのよい明るい半日陰で育てます。蒸れを嫌うので注意を。水やりは春、秋は2週間に1回、冬は1カ月に1回程度。

ハオルチア 十二の爪

Haworthia reinwardtii

硬葉系のハオルチアで、葉がタワーのように積み上がっていきます。丈夫な品種。

原産地：南アフリカ
草丈：5〜15cm

原産地：南アフリカ
草丈：2〜4cm

ハオルチア 玉扇《ぎょくせん》

Haworthia truncata

上部を切ったような形で、全体が扇形に広がります。葉の先端は透明な窓になっています。

サボテンの仲間

サボテンとはサボテン科に属する植物の総称で、北アメリカや中央アメリカを中心に自生し、2000種以上あります。トゲがあるものも多く、トゲの根元には「刺座《しざ》」と呼ばれる綿毛で覆われた器官があります。多くが熱帯サバナ気候や砂漠気候の、乾燥気味で昼夜の気温差が大きいところで育ちますが、なかには森林で樹木や岩石に着生して育つ品種もあります。

管理の基本：森林性の品種を除き、年間を通して日当たりと風通しのよい明るい室内、または屋外で管理。ただし夏の直射日光は避け、寒冷地では冬は室内に。水やりは成長期の春～秋は2週間に1回、冬場は1カ月に1回が目安。

栽培カレンダー

	1	2	3	4	5	6	7	8	9	10	11	12
置き場所	日当たりのよい室内の窓辺						日当たりのよい屋外					
水やり	1カ月に1度、表土が湿る程度			土が乾いたらたっぷりと				土が中まで乾いてから3、4日後に		土が乾いたらたっぷりと		

アストロフィツム ‘スーパー兜《かぶと》’

Astrophytum asterias ‘Super Kabuto’

サボテン科アストロフィツム属

アストロフィツムは星点と呼ばれる刺座を持つグループで、ウニに似た姿が人気です。スーパー兜は日本で作出され、大きな白点が特徴。

原産地：アメリカ南部からメキシコ北東部

オプンチア 金烏帽子《きんえぼし》

Opuntia microdasys

サボテン科オプンチア属

原産地：北アメリカ南部、メキシコ

オプンチアは団扇のように丸く平たい形が特徴で、ウチワサボテンとも呼ばれ人気があります。この品種は黄色のトゲを黄金に見立ててこの名がつきました。

●**育て方のポイント** 真冬の休眠期は断水気味に管理してください。

アストロフィツム ランポー モンスト

Astrophytum myriostigma f. *monstrosa*

サボテン科アストロフィツム属

和名で「鸞鳳玉《らんぽうぎょく》」と呼ばれる種類で、肌の白点模様が特徴のサボテンのモンストです。

原産地：アメリカ南部からメキシコ北東部

ギムノカリキウム LB2178錦

Gymnocalycium friedrichii LB2178 hybrid variegate

サボテン科ギムノカリキウム属

ギムノカリキウムは大きめのトゲが特徴。この品種は、深い緑にオレンジや赤などが入るカラフルな姿が魅力。

原産地：アメリカ南部、メキシコ、南米など

ケファロケレウス 翁丸《おきなまる》

Cephalocereus senilis

サボテン科
ケファロケレウス科

柱サボテンの一種。トゲのかわりにふわふわの毛が白銀に輝きます。花は濃いピンク。

原産地：中米、チリ

原産地：ブラジル、ペルー

セレウス 残雪《ざんせつ》の峰《みね》

Cereus spegazzinii f. cristata

サボテン科 セレウス属

表面の白い凹凸が山に残る雪のように見えることから、この名前がつけられました。秋冬には紫色がかります。残雪という柱サボテンが綴化《てっか》した品種。

●育て方のポイント 直射日光を避け、レースのカーテン越しの光を当てましょう。

セレウス 黒獅子《くろじし》 モンスト

Cereus peruvianus f. *monstrosa*

サボテン科セレウス属

成長点が乱れた、石化したサボテン。不思議な形状から「脳みそサボテン」とも呼ばれる仲間です。

原産地：メキシコ、中南米など

ロフォケレウス 福禄寿《ふくろくじゅ》

Lophocereus schottii f. *monstrosus*

サボテン科 ロフォケレウス属

トゲがなく、全体が面取りしたように、こぶ状になります。

原産地：メキシコ

マミラリア・ヘレラ

（別名：白鳥）

Mammillaria herrerae

サボテン科マミラリア属

内向きに出る放射状のトゲが美しく、春にはピンクの花も見どころです。

原産地：アメリカ南西部、メキシコ、中米など

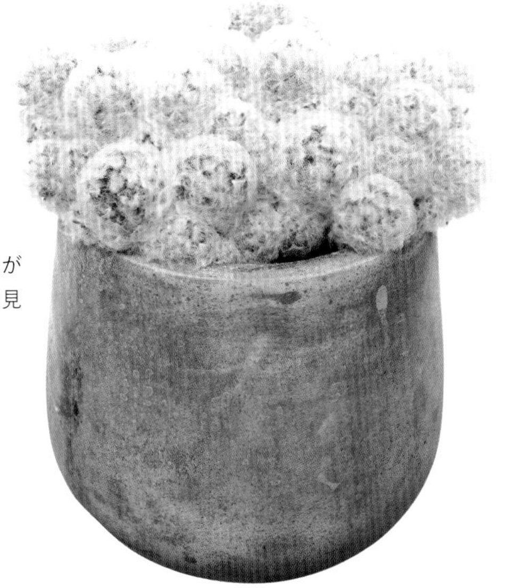

ミルチロカクタス 竜神冠《りゅうじんかん》

Myrchillocactus geometorizans f. *cristata*

サボテン科 ミルチロカクタス属

短いトゲと白い粉砂糖をまぶしたような水色がかった肌が特徴。連なって流れるように成長する形状は、インパクトがあります。

原産地：メキシコ、中南米など

塊根植物

塊根植物とは、根や幹や茎の部分に水分を蓄えられるよう、根や幹などが肥大した多肉植物の総称で、コーデックスとも呼ばれます。原産地は、マダガスカルや北米・南米・アフリカなど。昨今の「珍奇植物」のブームもあり、愛好家が増えています。

アデニウム・アラビカム

Adenium arabicum

キョウチクトウ科アデニウム属

原産地：アラビア半島

アデニウムは塊根植物として人気が高いグループ。この品種は幹が横に広がり、盆栽風の株姿になります。春～夏にピンクの花が咲きます。

●育て方のポイント 日当たりを好みます。春先に葉が出る兆しがあったら、徐々に水やりを開始します。春～秋は屋外に出したほうが元気になります。水やりは土が乾いて数日して、鉢底穴から流れるまでたっぷりと。

ステファニア・ヴェノーサ

Stephania venosa

ツヅラフジ科ステファニア属

つる性の植物で、冬は落葉します。薄暗い熱帯雨林に自生しているため、弱い光を好みます。

●育て方のポイント 葉が展開する成長期には土が乾いたら、鉢底穴から水が流れるくらいたっぷりと。落葉後は休眠期に入るので、断水します。

原産地：東南アジア、太平洋諸島の熱帯地帯

ユーフォルビア・ステラータ

Euphorbia stellata

トウダイグサ科ユーフォルビア属

根茎が大きくなるタイプのユーフォルビア。「飛《ひ》竜《りゅう》」という和名でも呼ばれます。根茎の先から、トゲのある平たい葉がうねるように縦横無尽に伸びます。

●育て方のポイント よく日の当たる場所で管理。葉の模様は日光に当てただけ色が濃くなっていきます。乾燥気味の状態を好みます。

原産地：南アフリカ

パキポディウム・グラキリス

Pachypodium rosulatum var. gracilius

キョウチクトウ科パキポディウム属

属名のパキポディウムは、ギリシャ語の「太った」と「足」を組み合わせた言葉。根茎がまるまると肥大するのが特徴です。黄色い花が咲きます。

●育て方のポイント 乾燥気味に育てるのがコツ。水を与えすぎず、日当たりと風通しのよいところで育てます。強い直射日光は避けます。

原産地：マダガスカル、アフリカ

本書に登場する観葉植物のみを扱っています。

赤文字＝図鑑ページで紹介　緑文字＝別名

観葉植物名索引

(上) 緑溢れる店構え。
(中) 店舗では必要に応じて、ショップマネージャーが相談に乗ってくれる。
(下) 植物と鉢がコーディネートされているので、持ち帰ってすぐに楽しむことができる。

TRANSHIP

大型の観葉植物から小さな多肉植物まで、樹形や株姿にこだわったインテリアグリーンを取りそろえています。またオリジナルポットをはじめ、厳選したポットも販売しているので、インテリアのテイストに合ったポットが見つかるはず。オンラインショップでは、植物と鉢をセットアップして販売しているので、届いたらすぐに飾ることができます。個人宅や店舗、オフィスなどのグリーンコーディネートも行っています。

住所：東京都品川区小山3-11-2-1F
https://tranship.jp
※営業時間など詳細はホームページをご覧ください。

PIANTA × STANZA

本書監修者が代表を務める緑演舎が提供する、室内をグリーンで演出するブランド。オンラインショップでは、オリジナルのポットやグリーンを飾るウォールボックスなど、グリーン関連のオリジナル商品を販売しています。

https://shop.pianta-stanza.jp

PIANTA × STANZA

ADA LAB (Aqua Design Amano Laboratory)

ガラスケースとLEDライトを組み合わせて植物栽培を楽しむ「パルダリウム」。店舗では専用のガラスケースや用土、道具、パルダリウム向きの植物販売のほか、専門スタッフのもとでパルダリウム制作が楽しめるワークショップも開催しています。

https://ada-laboratory.com

監修 大山雄也 おおやま・ゆうや

ランドスケープデザイナー、造園家。1982年埼玉県生まれ。東京農業大学卒業。戸建住宅の庭から、グリーンを活用したオフィス、大型商業ビルまで、さまざまな空間の開発を手がける。屋上や壁面、インテリアのグリーン演出を得意とし、企業のブランディングやプロダクトプロデュースなど、造園家の枠を超えて活動している。2016年、グリーン演出・プロデュースを行う緑演舎を設立。

ryokuensha　https://www.ryokuensha.jp

編集協力　マートル舎　篠藤ゆり、伴富志子、秋元けい子
撮　　影　竹田正道、都築孝法（p20〜25）
写真提供　TRANSHIP
デザイン　高橋美保
編集担当　柳沢裕子（ナツメ出版企画株式会社）

特別協力　ADA LAB（Aqua Design Amano Laboratory）
協　　力　角野大弘、熊谷葉子、K.しおり、田上純子、沼 聡、安元祥恵、吉井沙希
住友化学園芸株式会社

選《えら》ぶ、飾《かざ》る、育《そだ》てる
観《かん》葉《よう》植《しょく》物《ぶつ》と暮《く》らす本《ほん》

2024年 5月 1日　初版発行

監修者　大山《おおやま》雄《ゆう》也《や》　Oyama Yuya, 2024
発行者　田村正隆

発行所　株式会社ナツメ社
東京都千代田区神田神保町1-52 ナツメ社ビル1F（〒101-0051）
電話 03（3291）1257（代表）　FAX 03（3291）5761
振替 00130-1-58661
制　作　ナツメ出版企画株式会社
東京都千代田区神田神保町1-52 ナツメ社ビル3F（〒101-0051）
電話 03（3295）3921（代表）
印刷所　図書印刷株式会社

ISBN978-4-8163-7550-7　Printed in Japan

本書に関するお問い合わせは、書名・発行日・該当ページを明記の上、下記のいずれかの方法にてお送りください。電話でのお問い合わせはお受けしておりません。
・ナツメ社Webサイトの問い合わせフォーム
https://www.natsume.co.jp/contact
・FAX（03-3291-1305）
・郵送（左記、ナツメ出版企画株式会社宛て）
なお、回答までに日にちをいただく場合があります。正誤のお問い合わせ以外の書籍内容に関する解説・個別の相談は行っておりません。あらかじめご了承ください。